감정 자본주의

에바 일루즈 지음 · 김정아 옮김

돌베개

Cold Intimacies: Making of Emotional Capitalism by Eva Illouz

Copyright ⓒ Eva Illouz 2007
Copyright ⓒ Suhrkamp Verlag Frankfurt am Main

First published in 2007 by Polity Press
Korean translation copyright ⓒ Dolbegae Publishers 2010

이 책의 한국어판 저작권은 베스툰 에어전시(독일어권)를 통한 저작권자와의 독점 계약으로 도서출판 돌베개에 있습니다. 신저작권법에 의해 한국 내에서 보호를 받는 저작물이므로 무단전재와 무단복제를 금합니다.

감정 자본주의
자본은 감정을 어떻게 활용하는가

에바 일루즈 지음 | 김정아 옮김

2010년 3월 29일 초판 1쇄 발행
2024년 9월 5일 초판 10쇄 발행

펴낸이 한철희 | 펴낸곳 돌베개 | 등록 1979년 8월 25일 제406-2003-000018호
주소 (10881) 경기도 파주시 회동길 77-20 (문발동)
전화 (031) 955-5020 | 팩스 (031) 955-5050
홈페이지 www.dolbegae.co.kr | 전자우편 book@dolbegae.co.kr

책임편집 김희진 | 편집 김태권·이경아·좌세훈·권영민·조성웅·신귀영
표지디자인 박대성 | 본문디자인 이은정·박정영 | 마케팅 심찬식·고운성
제작·관리 윤국중·이수민 | 인쇄·제본 영신사

ISBN 978-89-7199-382-8 (93300)
책값은 뒤표지에 있습니다.

이 도서의 국립중앙도서관 출판시도서목록(CIP)은 e-CIP 홈페이지
(http://www.nl.go.kr/cip.php)에서 이용하실 수 있습니다.(CIP제어번호: CIP2010001066)

감정 자본주의

일러두기

1. 이 책은 2007년 Polity Press에서 처음 출간된 Eva Illouz의 *Cold Intimacies*를 우리말로 옮긴 것이다.
2. 인명과 지명 등의 고유명사는 외국어표기법에 따라 표기하였다.
3. 원 저자의 주는 번호로, 옮긴이의 주는 기호(●)로 표시하였다.
4. 이 책의 「여는 말」은 원래 1장의 서문이었지만, 강의 전체를 포괄하는 내용임을 감안해 한국어판에서는 전체 글의 서문으로 바꿔 실었다.

감사의 말

한 사람 덕분에 존재하게 되는 책은 별로 없다. 그런데 이 책이 바로 그런 책이다. 악셀 호네트Axel Honneth가 내게 프랑크푸르트 대학의 '아도르노 강의'를 맡겼는데, 그 때문에 나는 당시 내가 하고 있던 연구를 중단해야 했고, 그에 대해 다시 한 번 생각해보아야 했다. 당시 나는 심리학이 동시대를 살아가는 중간계급 남녀들의 평범한 문화 프레임을 형성하는 데에 무슨 역할을 하는지를 연구하는 중이었다. 그런데 이 강의를 계기로 비판이론가들을 다시 읽으면서, 나는 비판이론의 유구한 전통(테오도어 아도르노Theodor Adorno에서 시작해서 위르겐 하버마스Jürgen Habermas를 거쳐 악셀 호네트로 이어지는 전통)을 넘어서는 이론이 아직 없다는 것을 새삼 절실하게 깨달았다. 모더니티에서 작동하는 서로 상충하는 경향들을 비판이론보다 잘 설명해주는 틀은 아직 없다는 깨달음이었다. 이 책이 나온 것은, 악셀의 비범한 학문적 비전, 그의 너그러운 이해심과 몰아치는 에너지에 빚진 바가 크다.

프린스턴 대학 사회학과에서 방문학자로 연구할 수 있게 해준 비비아나 젤라이저Viviana Zelizer에게 진심으로 감사한다. 나는 그동안 이 세 편의 강의록을 집필했다. 프린스턴 대학 고등연구소Institute for Advanced Study의 쾌활하고 유능한 사서들에게도 마음 깊이 감사를 전한다.

베아트리스 스메들리Beatrice Smedley는 세 편의 강의록을 모두 읽어주었으며, 정말 친절하고 또 예리하게, 생각해볼 점과 발전시킬 점을 지적해주었다. 캐럴 키드론Carol Kidron의 트라우마 연구는 그녀의 비판적 통찰들과 함께 이 책에 큰 도움이 되었다.

원고를 읽은 후에, 언제나처럼 직설적이고도 날카로운 비판을 해주었을 뿐 아니라 유용한 참고문헌들의 목록을 가득 안겨준 에이탄 윌프Eitan Wilf 역시 내가 감사해야 할 사람이다. 또 글을 책으로 만드는 쉽지만은 않은 과정에서 리오르 플룸Lior Flum은 없어서는 안 될 도움을 주었다.

폴리티 출판사의 새러 댄시Sarah Dancy, 에마 허친슨Emma Hutchinson, 게일 퍼거슨Gail Ferguson이 보여준 철저함, 전문성, 그리고 친절함에 진심으로 감사한다.

마지막으로, 나는 이 책을 남편이자 가장 좋은 친구 엘차난Elchanan에게 헌정하려 한다. 그는 이 책을 읽고 비판하고 토론하는 일에 자기 몫 이상을 해주었고, 나의 어지럽고 자신 없는 생각들에 귀를 기울이는 데 상당한 시간을 할애해주었으며, 생각 없이 지나가는 수많은 행복의 순간을 나와 함께해주었다.

에바 일루즈

차례

감사의 말   5
여는 말   11

1장 호모센티멘탈리스의 탄생   21
프로이트와 클라크 강의   23
기업 마인드의 재구성   33
새로운 감정양식   43
기업정신으로서의 소통윤리   46
근대적 가족의 장미와 가시: 심리학자들이 결혼에 개입하다   57
결론   78

2장 고통, 감정 장, 감정 아비투스   83
자아실현 내러티브   90
감정 장, 감정 아비투스   125
심리학의 화용론   132
결론   140

3장 로맨틱한 웹   145
인터넷과 로맨스를   149
온라인데이트   151
존재론적 자기소개   156
규격화와 반복   162
판타지와 실망   182
결론: 마키아벨리의 새로운 행보   203

옮긴이 후기   214
찾아보기   232

여는 말

전통적으로 사회학자들은 모더니티를 자본주의의 도래, 민주주의 정치제도의 발생, 또는 개인주의 이념의 윤리적 위력과 관련시켜서 생각해왔다. 그러다 보니 한 가지 사실을 간과했다. 사회학에서 모더니티에 대한 저명한 논의는, 잉여가치, 착취, 합리화, 탈주술화, 또는 노동분업 같은 익숙한 개념들을 기술하고 설명하는 한편으로, 모더니티를 감정들과 관련시켜 기술하거나 설명했다는 사실이 바로 그것이다(전자가 장조라면, 후자는 단조였다). 눈에 띄는, 그러나 일견 사소해 보이는 몇 가지 사례를 들겠다. 첫째, 막스 베버Max Weber가 말하는 프로테스탄트 윤리의 핵심에는 감정이 경제 활동에서 담당하는 역할과 관련된 테제가 존재한다. 곧 자본주의 기업가의 광적인 활동의 핵심에는 불가해한 신에 의해 유발된 불안이 존재한다.[1] 둘째, 칼 마르크스Karl Marx가 말하는 소외―노동자와 노동과정, 노동자와 노동산물 간의 관계를 설명하는 핵심개념—에는 강력한 감정적 함의가 있다. 곧 『경제·철학 수고』*The Economic and Philosophic Manuscripts*에서 마르크스는 소외된 노동을 현실의 상실(마르크스의 표현을 빌리자면, 대상과의 결속을 상실하는 것)로 논의한다.² 마르크스가 말하는 "소외"를 대중문화 쪽에서 전유—그리고 왜곡—했던 것도 대부분 그 감정적 함의 때문이었다. 곧 모더니티와 자본주의는 모종의 감정 마비를 일으킴으로써 사람들을 다른 사람들로부터, 공동체로부터, 그리고 자기 자신으로부터 떼어놓았으며, 그런 의미에서 모더니티와 자본주의는 소외의 원인이었다. 셋째, 메트로폴리스에 대한 게오르크 짐멜Georg Simmel의 유명한 묘사에는 감정생활에 대한 설명이 포함되어 있다. 짐멜이 보기에 대도시 생활은 끊임없는 신경 자극들을 만들어내는데, 이는 감정적 관계에 의존하는 소도시small-town 생활과 대조를 이룬다. 짐멜에 따르면 모더니티의 전형적 태도는 "싫증" blasé(서먹함, 냉정함, 무관심의 혼합)이며, 이것은 언제라도 증오로 뒤바뀔 수 있다.³ 끝으로 에밀 뒤르켐Emile Durkheim의 사회학은—뒤르켐이 신칸트주의자임을 감안하면 놀라울 수도 있는데—감정들과 아주 분명하게 관련되어 있다. 실제로 "연대"(뒤르켐 사회학의 요체)는

1   Weber, Max, 1958, *The Protestant Ethic and the Spirit of Capitalism*, New York: Charles Scribner's Sons.
2   Marx, Karl, 1904, "Estranged Labor," in Dirk J. Struik (ed.), *The Economic and Philosophic Manuscripts of 1844*, New York: International Publishing 참고.
3   Simmel, Georg, 1950, "The Metropolis and Mental Life," in K. Wolff (ed.), *The Sociology of Georg Simmel*, New York: Free Press.

사회의 행위주체들을 사회의 핵심 상징들과 연결하는 감정 묶음(뒤르켕이 『종교생활의 원초적 형태들』Elementary Forms of Religious Life에서 "열광"effervescence이라고 불렀던 것) 바로 그것이다.[4] (『상징적 분류』 Symbolic Classifications[5]의 결론에서 뒤르켕과 마르셀 모스Marcel Mauss는 그야말로 인지 단위라고 할 수 있는 상징 분류들의 핵심이 감정적인 것이라고 주장한다.) 하지만 뒤르켕의 근대관은 훨씬 더 직접적인 방식으로 감정들과 관련되어 있다. 뒤르켕은 근대사회의 사회분화가 감정의 강도를 확보하지 못하는 상황에서 어떻게 근대사회의 "결속"이 아직도 와해되지 않는지를 밝히고자 했다.[6]

내 논점은 그리 복잡하지 않다. 간단히 요약해보겠다. 사회학에서 모더니티에 대한 저명한 논의들은 본격적인 감정론을 포함하는 것은 아니라고 해도 어쨌든 감정들을 많이 언급하고 있다(의도적인 언급이 아니라도 말이다). 곧 근대로 귀착된 온갖 균열들을 다루는 역사적·사회학적 논의에는 (우리가 근대의 표피를 긁어낼 성의만 있다면) 불안, 사랑, 경쟁심, 무관심, 죄의식과 같은 감정들이 모두 포함되어 있다.[7] 이 책의 대략적 주장은, 우리가 모더니티에서 감정의

---

4 Durkheim, Emile, 1969, *Elementary Forms of Religious Life*, New York: Free Press.
5 Durkheim, Emile & Marcel Mauss, 1963, *Primitive Classification*, London: Cohen & West.
6 Durkheim, Emile, 1964, *The Division of Labor in Society*, New York: Free Press.

차원(비교적 쉽게 눈에 띄는 차원)을 발굴하게 되면, 근대적 자아됨 selfhood 및 정체성의 구성요소, 공적 영역과 사적 영역의 분할, 이러한 분할과 젠더 구분 간의 관계 등에 대한 권위 있는 분석들이 심각한 변화를 맞게 되리라는 것이다.

혹자는 이렇게 물을지도 모르겠다. 왜 우리가 감정의 차원을 발굴해야 하는가? "감정"은 지극히 주관적이고 눈에 보이지 않고 개인적인 경험인데, 그런 데에 초점을 맞추면 사회학(지금까지 주로 객관적인 규칙성, 패턴화된 행동, 광범위한 제도를 다루어온 학문)의 근거가 약화되지 않겠는가? 바꾸어 말해서, 지금까지 사회학은 그런 범주 없이 잘해왔었는데, 왜 공연히 쓸데없는 짓인가? 하지만 내가 감정의 차원을 발굴해야 한다고 생각하는 데는 몇 가지 이유가 있다.[8,9]

감정은 온전한 의미의 행동은 **아니다**. 그러나 감정은 우리로 하여금 행동으로 나아가게 하는 내적인 에너지, 행동에 특별한 "기분" 또는 "색조"를 부여하는 어떤 것이다. 따라서 감정이란 행동의 한 측면, 곧 "에너지가 실린" 측면으로 정의될 수 있다(여기서 말하는 에너지는 인지, 정서, 판단, 욕구, 육체 등을 모두 함축하는 것으로 이해된

---

[7]   물론 사회학의 설명 틀은 다양하고, 감정이 수행하는 역할은 각각의 설명 틀에 따라 달라진다. 내가 주장하는 바는 감정이 어쨌든 일정한 역할을 한다는 것이다.
[8]   McCarthy, Doyle E., 1994, "The Social Construction of Emotions: New Directions from Culture Theory," *Social Perspectives on Emotion* 2: 267~279.
[9]   McCarthy, Doyle E., 2002, "The Emotions: Senses of the Modern Self," Osterreichische Zeitschrift Für Soziologie 27: 30~49.

다).¹⁰·¹¹ 감정은 사회 이전pre-social 문화 이전pre-cultural의 어떤 것이 아니라, 극도로 압축되어 있는 문화 의미들과 사회관계들 바로 그것이다. 감정이 행동에 에너지를 불어넣을 수 있는 이유는 이렇게 압축되어 있기 때문이다. 감정은 어떻게 이러한 "에너지"를 보유할 수 있을까? 그것은 감정이 언제나 자아의 감정이요, 자아와 타자들(문화적으로 자리매김되어 있는 타자들) 사이의 관계와 관련된 감정이기 때문이다. 누군가 나에게 "또 늦었구나"라고 말했을 때, 내가 수치를 느끼느냐 분노를 느끼느냐 죄의식을 느끼느냐 하는 것은 거의 전적으로 내가 그 사람과 어떤 관계냐에 달려 있다. 그 사람이 내 상사라면 나는 수치를 느낄 것이고, 그 사람이 내 동료라면 나는 분노를 느낄 것이며, 그 사람이 방과 후에 나를 기다리는 내 아이라면 나는 죄의식을 느낄 것이다. 감정이 심리 단위라는 것은 분명하다. 하지만 그에 못지않게, 아니 어쩌면 그 이상으로, 감정은 문화 단위이자 사회 단위이다. 곧 감정이 표현되는 장소는 구체적·즉각적 관계이되 항상 문화적·사회적으로 규정되어 있는 관계이며, 이로써 우리는 감정을 통해서 인간됨personhood의 문화 규정들을 구현enactment하게 된다. 요약해보자면, 감정이란 극도로 압축되어 있는 문화 의미들과 사회

10 Nussbaum, Martha C., 2001, *Upheavals of Thought: The Intelligence of Emotions*, Cambridge: Cambridge University Press.

11 Rosaldo, M., 1984, "Toward an Anthropology of Self and Feeling," in R. Schweder & R. LeVine (eds.), *Culture Theory: Essays in Mind, Self, and Emotion*, Cambridge: Cambridge University Press, pp. 136~157.

관계들이며, 감정이 에너지를 보유할 수 있는 것은 이렇게 고도로 압축되어 있는 덕분이다(감정이 에너지를 보유하고 있다는 것은 감정이 반성 이전pre-reflexive 상태, 때로 반의식semi-conscious 상태에 있음을 뜻한다). 감정이 행동의 여러 측면 중에 고도로 내면화되어 있고 비반성적인 측면인 이유는, 감정에 문화와 사회가 충분히 포함되어 있지 않기 때문이 아니라 오히려 너무 많이 포함되어 있기 때문이다.

그렇기 때문에, 사회적 행동을 "안"으로부터 이해하고자 하는 해석학적 사회학은 행동의 감정적 색조에, 그리고 실제로 무엇이 행동을 추동하는가에 주목해야 한다. 감정이 사회학에서 중요한 개념인 첫번째 이유는 여기까지이다.

감정이 사회학에서 지극히 중요한 개념인 두번째 이유는, 사회적 배치가 많은 경우 감정적 배치와 일치하기 때문이다. 평범한 예를 들겠다. 전 세계 수많은 사회조직들의 가장 근본적인 구분이라고 할 수 있는 남녀 구분은, 감정 문화들에 토대를 두고 있고 감정 문화들을 통해 재생산된다.[12] 남자다운 남자라면 용기, 냉정한 합리성, 훈련된 공격성을 보여줄 수 있어야 한다. 반면에 여성성은 친절함, 동정심,

---

12 Abu-Lughod, Lila & Catherine A. Lutz, 1990, "Introduction: Emotion, Discourse, and the Politics of Everyday Life," in Catherine A. Lutz & Lila Abu-Lughod (eds.), *Language and the Politics of Emotion*, Cambridge: Cambridge University Press, pp. 1~23; Shields, Stephanie, Keith Oatley & Antony Manstead, 2002, *Speaking from the Heart: Gender and the Social Meaning of Emotion*, Cambridge: Cambridge University Press.

명랑함을 필요로 한다. 우선 남녀 구분에서 비롯되는 사회적 위계는 감정의 구분을 함축하고 있다(남자와 여자가 각자의 역할과 정체성을 재생산하는 것은 바로 이런 감정의 구분에 기인한다). 이어 이러한 감정의 구분으로부터 감정의 위계가 만들어진다(냉정한 합리성과 동정심을 비교하게 되면, 대체로 전자가 좀더 책임감 있고 객관적이고 전문가적인 감정으로 여겨진다). 예를 들어 우리는 뉴스란 또는 정의란 정에 휘둘리지 않는 객관적인 것이어야 한다고 생각한다. 그리고 이러한 객관성의 이상은 감정의 자제를 전제하고 있다. 그런데 이러한 감정의 자제는 남성적 실천이자 남성적 모델이다. 요약해보자면, 우선 감정들은 위계적인 방식으로 조직되어 있고, 이렇게 조직된 감정의 위계는 암묵적인 방식으로 도덕적·사회적 배치를 조직하고 있다.

이 책에서 나는 두 가지 주장을 펴겠다. 첫째, 자본주의가 형성된 과정은 고도로 특화된 모종의 감정 문화가 형성된 과정과 궤를 같이했다. 둘째, 자본주의의 여러 차원 중에서 바로 이 감정의 차원에 초점을 두게 되면, 자본주의의 사회조직으로부터 새로운 질서를 발견할 수 있게 된다. 1장에서는 공적 영역과 사적 영역 간의 경계가 사라지는 현상에 주목한다. 감정들이 자본주의와 모더니티라는 이야기에 등장하는 주인공들이라고 생각하게 되면, 공적 영역은 몰감정적a-emotional이고 사적 영역은 감정들로 가득 차 있다는 관습적인 구분이 사라지기 시작한다. 상술하면, 20세기를 통틀어서 중간계급 남녀들은 직장과 가정에서 공히 자신의 감정생활에 초점을 맞추고 자아(그

여는 말 17

리고 자아와 타인들 간의 관계)를 전면에 내세워야 했으며, 이를 위해 직장과 가정에서 동일한 테크닉을 사용했다. 이렇듯 감정에 초점을 맞추는 새로운 문화가 생겼다는 것은, 토크빌Alexis de Tocqueville과 같은 비평가들이 우려하듯이 우리가 사생활이라는 단단한 껍질 속에 틀어박혀버렸음을 뜻하지 않는다.[13] 오히려 사적인 자아는 그 어느 때보다 공적으로 수행되고 있고, 그 어느 때보다 경제 영역 및 정치 영역의 담론들 및 가치들에 매여 있다. 2장에서는 근대적 정체성이 수행되는 여러 가지 방식들을 좀더 구체적으로 살펴본다. 근대적 정체성은 점점 공적으로 수행되고 있고, 이는 각종 사회 거점들 내에서 다양하게 나타난다. 그런데 이러한 수행은 자아를 실현하겠다는 포부와 감정적 고통을 겪었다는 주장을 결합하는 모종의 내러티브를 통해서 이루어진다. **인정 내러티브**라고 통칭되는 이 내러티브는 그 세력을 확장하며 지속되어왔는데, 이는 시장 내부에서, 시민사회에서, 그리고 국가의 제도적 경계들 내부에서 작동하는 각종 사회집단들의 물질적·이념적 이해관계들과 관련되어 있다. 3장에서는 자아와 인터넷의 관계를 밝힌다. 자아의 변모 과정(자아가 감정적이고 공적인 어떤 것이 되는 과정)이 가장 유력하게 표현되는 곳이 바로 인터넷 테크

---

13   Coontz, Stephanie, 1988, *The Social Origins of Private Life: A History of American Families, 1600~1900*, New York: Verso Books. 이러한 입장의 고전적 사례를 보려면, Bellah R., R. Madsen, W. Sullivan, A. Swidler & S. Tipson, 1985, *Habits of the Heart: Individualism and Commitment in American Life*, Berkeley: University of California Press; 또는 Lasch, C., 1984, *The Minimal Self: Psychic Survival in Troubled Times*, New York: W. W. Norton 참고.

놀로지다. 곧 인터넷은 공적인 감정적 자아를 전제·구현enactment하는 테크놀로지요, 나아가 공적인 감정적 자아로 하여금 사적인 상호작용에 선행하게 하고 사적인 상호작용을 구성하게 하는 테크놀로지다.

각 장을 하나씩 읽어도 되지만, 이 세 장 사이에는 유기적인 연결고리가 존재하며, 이 세 장은 하나의 목표(곧 이른바 **감정 자본주의**의 윤곽 그리기)를 향하여 누적·심화되는 형식으로 되어 있다. 감정 자본주의란 감정 담론들 및 실천들이 경제 담론들 및 실천들을 구성하고 경제 담론들 및 실천들이 감정 담론들 및 실천들을 구성하는 문화, 한편으로는 정서affect가 경제적 행위의 본질적인 측면으로 변모하고 다른 한편으로는 감정생활—특히 중류계급의 감정생활—이 경제적 관계 및 경제적 교환의 논리를 따라가는 문화이다(나는 이를 광범위한 동향으로 본다). 이 책에서는 (감정의) "합리화"와 (감정의) "상품화"의 테마들이 부득불 되풀이되지만, 내 분석은 마르크스 식式 분석도 아니고 베버 식式 분석도 아니다. 이는 내가 경제와 감정이 서로 분리될 수 있다(또는 서로 분리돼야 한다)는 전제를 채택하지 않기 때문이다.[14] 실제로 양자는 분리되어 있지 않다. 한편으로는 시장 기반 문화 레퍼토리들이 대인관계와 감정적 관계를 구성하고 있고, 다른 한편으로는 대인관계가 경제적 관계를 가동시키고 있다. 좀더 정확히 말해서, 시장 레퍼토리들과 심리학의 언어가 결합함으로써

---

14 Zelizer, Viviana, 1994, *The Social Meaning of Money*, New York: Basic Books 참고.

새로운 형태의 사회성sociability을 주조하는 새로운 테크닉과 의미들이 생겨난다. 1장에서는 이러한 새로운 사회성이 어떻게 생겨났는지, 그리고 이러한 사회성의 감정적(상상적imaginary) 핵심은 무엇인지를 살펴볼 것이다.

1 호모 센티멘탈리스의 탄생

프로이트와 클라크 강의

나는 대규모 문화 변동에다 특정한 날짜를 가져다 붙이는 관행을 원래 불신하는 데다, 문화사회학자로서 그러한 관행에 반대하는 태도를 배워왔다. 그럼에도 불구하고 미국의 감정 문화가 변모한 연도를 고르라고 한다면, 나는 1909년을 고를 수밖에 없다. 지그문트 프로이트Sigmund Freud가 미국을 방문해 클라크 대학에서 강연했던 해가 바로 1909년이다. 입문적 성격의 5회 강연에서 프로이트는 다양한 수준의 청중을 상대로 정신분석학의 핵심 개념들(적어도 미국 대중문화에서 커다란 반향을 불러일으키게 되는 개념들)을 소개했다. 말실수 개념, 무의식이 운명을 결정하는 데 어떤 역할을 한다는 개념, 꿈이 정신생활psychic life의 핵심이라는 개념, 욕망은 많은 경우 성적인 특징을 띤다는 개념, 가족은 정신psyche의 기원이자 정신적 병리현상들의 궁극 원인이라는 개념 등이 그것이다. 정신분석학에 대해 수많은 사회학적·역사적 분석이 행해져왔는데, 이런 분석들을 보면 한 가지 이상한 점이 있다. 정신분석학의 지성사적 기원들은 무엇이었는가,[1] 정신분석학이 자아를 문화적으로 구축하는 데에 어떤 영향을 미쳤는가, 정신분석학은 학문 개념들과 어떤 관계인가 등에 대해

---

1 Chertok, Leon & Raymond de Saussure, 1979, *The Therapeutic Revolution: From Mesmer to Freud*, New York: Brunner/Mazel Publishers; Ellenberger, Henry F., 1970, *The Discovery of the Unconscious: The History and Evolution of Dynamic Psychiatry*, New York: Basic Books.

서는 상세하고 복잡한 논의들이 나와 있는 반면, 단순하고 자명한 한 가지 사실, 곧 정신분석학이 감정생활을 재구성했다는 사실에 대해서는 아무런 논의가 없었다는 점이 바로 그것이다. 정신분석학, 그리고 정신분석학의 반체제성을 추종하는 온갖 정신 이론들은 (물론 표면적으로는 감정생활을 해부하는 데만 관심이 있었던 것처럼 보여도) 일차적으로는 감정생활을 재구성한다는 사명을 띠고 있었다. 좀 더 정확히 말해서, 임상심리학의 갖가지 분파들—프로이트 심리학, 자아 심리학Ego psychology, 인본주의 심리학Humanist psychology, 대상관계 심리학Object-Relation psychology—은 20세기를 통틀어 미국의 문화 풍경을 지배해온 이른바 새로운 감정양식—치료학적 감정양식—을 정식화했다.

"감정양식"이란 무엇인가? 『철학의 새로운 경향』Philosophy in a New Key이라는 수전 랭어Susan Langer의 유명한 저서에 따르면, 철학사의 각 시대는 "저마다의 편향"이 있으며, 철학이 이러저러한 문제를 "이 시대 혹은 저 시대의 문제로 규정"하는 근거는 문제의 내용이 아니라 "문제를 다루는 양태"—랭어에 따르면 "테크닉"—이다.[2] 나는 20세기 문화가 감정생활을 다루었던 방식들을 치료학적 감정양식이라고 부르겠다. 20세기 문화는 감정생활의 병인론etiology과 형태론morphology 방향의 "편향"을 보였으며, 그런 감정들을 이해하고 조절하는 특수한

---

2   Langer, Susanne K., 1976, *Philosophy in a New Key: A Study in the Symbolism of Reason, Rite, and Art*, Cambridge, MA: Harvard University Press, p. 3.

"테크닉"—언어적 테크닉, 학문적 테크닉, 상호작용에서의 테크닉—을 고안했다.³ 근대적 감정양식은 전간기(1차대전에서 2차대전까지)의 비교적 짧은 시기에 출현했던 치료학 언어에 의해서 구성되어왔다(전부 다는 아니라도 대체로는 그러했다). 위르겐 하버마스의 표현을 빌리면, "19세기 말에 하나의 학문분야(정신분석학)가 단 한 사람(프로이트)의 손에서 출현했다."⁴ 하버마스의 말에 살을 붙이자면, 이 학문분야는 순식간에 단순한 학문분야를 넘어서 하나의 분화된 지식체body of knowledge가 되었다. 정신분석학이라는 새로운 문화 실천 세트는 자아, 감정생활, 나아가 사회관계에 대한 구상들을 재편할 수 있었는데, 이는 정신분석학의 독특한 위치(엘리트문화 대 대중문화라는 이중적 영역에 위치하는 동시에 학문 생산 영역에 위치함) 덕분에 가능한 일이었다. 로버트 벨라Robert Bellah는 '프로테스탄트 종교개혁'이 "정체성의 상징들을 가장 근본적인 차원에서 재정식화했다"고 말했다.⁵ 치료학 담론에 대해서도 같은 말을 할 수 있다. 바로 그런

3 이 논의의 토대를 제공한 연구는 Martin Albrow, "The Application of the Weberian Concept of Rationalization to Contemporary Conditions," in S. Lash & S. Whimster (eds.), 1987, *Max Weber: Rationality and Modernity*, London: Allen & Unwin, pp. 164~182이다.
4 Habermas, J., 1989, "Self-Reflection as Science: Freud's Psychoanalytic Critique of Meaning," in S. Seidman, *Jürgen Habermas on Society and Politics: A Reader*, Boston: Beacon Press, p. 55. 하버마스의 주장이 보편적으로 받아들여지는 것은 아니다. 예를 들어, Henri Ellenberger는 프로이트가 정신치료 요법들의 기나긴 연속 속에서 하나의 고리일 뿐이라고 주장한다. Ellenberger, *The Discovery of the Unconscious* 참고.
5 Bellah, Robert, 1968, *Beyond Belief: Essays on Religion in a Post-Traditional World*, New York: Harper & Row, p. 67.

정체성의 상징들이 재정식화됨으로써 새로운 감정양식이 출현하게 된 것이다.

새로운 감정양식이 출현한다는 것은 대인관계에 대한 새로운 구상, 곧 자아와 타인들 간의 관계를 사유하고 그러한 관계의 여러 가능성을 상상하는 새로운 방식이 정식화된다는 것이다. 실제로 대인관계는 (민족nation이 그렇듯) 사회적 친밀함이나 소원함에 의미를 제공하는 상상적 각본에 따라서 움직인다. 곧 우리는 대인관계들을 이러한 각본에 따라서 사유하고 욕망하고 논의하며, 또 우리는 이러한 각본에 따라서 대인관계를 배신하거나 대인관계를 위해 투쟁하거나 대인관계를 놓고 협상을 벌인다.[6] 따라서 나는 다음과 같은 주장을 펴겠다. 프로이트는 자아와 자기 과거 간의 관계를 새롭게 구상함으로써 **자아와 자신 간의 관계**the relationship of the self와 자아와 타인들 간의 관계를 재정식화했다는 점에서 문화에 지대한 영향을 미쳤다. 대인관계에 대한 이런 구상들은 미국 대중문화에서 끊임없이 등장하게 되는 여러 개념들 및 문화 모티브들에서 정식화되었다.

가령 첫째로, 정신분석학의 구상에 따르면 자아는 핵가족을 그 기원으로 한다(곧 자아의 이야기와 역사는 핵가족 내부에서, 핵가족으로부터 시작된다). 과거에 가족은 나라는 존재를 모종의 연표와 사회질서 안에 "객관적으로" 자리매김하는 방법이었지만, 정신분석학

---

[6]   Anderson, Benedict, 1991, *Imagined Communities: Reflections on the Origin and Spread of Nationalism*, London: Verso.

과 함께 가족은 전기적 사건―상징적인 차원에서 내가 평생 동안 짊어져야 하는 사건이자 나의 개체성을 고유하게 표현하는 사건―이 되었다. 아이러니한 일은, 결혼의 전통적 기반이 무너지기 시작하던 바로 그때, 가족은 자아에 한층 더 집요하게 달라붙게 됐다는 것이다. 단 이때의 가족은 "이야기", 곧 자아를 펼치는 "플롯"이었다. 가족은 자아가 시작되는 기원인 동시에 자아가 벗어나야 하는 멍에였다는 점에서 새로운 자아됨의 내러티브를 만들어내는 데 가족의 역할은 더 중요해졌다.

둘째로, 정신분석학의 새로운 구상에서 자아는 일상 생활의 영역―스탠리 카벨Stanley Cavell에 따르면 '평온무사한'uneventful 영역[7]―내부에 확고히 자리 잡혀 있다. 『일상 생활의 정신병리학』Psychopathology of Everyday Life[8]을 예로 들어보자(이 책은 1901년에 출판되었으며 이 책에 나오는 여러 개념들이 클라크 강의에 두루 포함되어 있다). 이 책에서 프로이트는 주변에서 흔히 볼 수 있는 지극히 평범한 일, 곧 착오행위parapraxis―말실수―라는 토대 위에 새로운 학문을 세우겠다고 했다. 프로이트에 따르면, 말실수는 우리의 자아에 대해서, 그리고 자아의 가장 깊은 곳에 감추어진 욕망들에 대해서 지극히 중대한 의미를 담고 있는 어떤 것이었다. 프로이트의 자아 이론은 정체

---

[7]   Cavell, Stanley, 1996, "The Ordinary as the Uneventful," in Stephen Mulhall (ed.), *The Cavell Reader*, Oxford: Blackwell Publishers, pp. 253~259.

[8]   Freud, Sigmund, 1948, *Psychopathology of Everyday Life*, New York: Macmillan.

성에 대한 관념적·영웅적 정의를 벗어나 정체성을 일상 생활의 영역, 특히 직장과 가정에 자리매김했고, 그런 면에서는 부르주아 문화혁명의 요체였다고 할 수 있다.[9] 그러나 프로이트의 구상은 여기서 한 발 더 나아갔다. 곧 프로이트의 손에서 자아는 자기를 찾아주고 구축해줄 무언가를 기다리는 존재로 설정됨으로써 새로운 후광을 얻었다. 평범하고 일상적이었던 자아가 신비롭고 좀처럼 도달할 수 없는 존재가 되었다. 프로이트에 대한 전기적·철학적 해설서에서 피터 게이Peter Gay가 주장하듯이, "많은 사람들이 '정상적' 성행위라고 칭하는 것은 알고 보면 기나긴 (종종 중단되는) 순례의 종착지다. 목적지에 도달하지 못할 사람들도 많다. 성숙한 성충동, 정상적인 성충동은 일종의 **성취**이다"(강조는 인용자의 것).[10] 자아는 서로 대립하는 두 문화 이미지인 정상과 병리를 종합함으로써 평범했던 자아를 상상 속에 존재하는 매력적인 대상으로 만들었다. 프로이트는 문화적으로 두 가지 점에서 놀라운 성과를 거뒀다. 우선 프로이트는 그때까지 병리라고 규정되던 것을 정상의 범주에 집어넣는 방식으로 정상의 영역을 확장했다(예를 들어 프로이트는 성적 발달이 동성애와 함께 시작된다고 보았다). 이어 프로이트는 정상성 그 자체를 문제로 만들었으며 이로써 정상성을 도달하기 힘든 목표로 설정했다. 다시 말해 프로이트는 정상성을 각종 문화 자원들을 동원해야 겨우 도달할 수 있

---

9 Taylor, Charles, 1989, *Sources of the Self: The Making of the Modern Identity*, Cambridge, MA: Harvard University Press.

10 Gay, Peter, 1988, *Freud: A Life for Our Time*, London: J. M. Dent, p. 148.

는 어떤 것으로 만들었다(예를 들어 이성애는 이제 당연한 사실이 아니라 도달해야 하는 목표가 되었다). 미셸 푸코Michel Foucault의 주장에 따르면 19세기의 정신병 담론은 정상과 병리 사이에 제도적으로 넘을 수 없는 경계를 세웠다.[11] 그렇다면 프로이트는 그런 경계를 체계적으로 흐려놓은 인물이다. 요컨대 프로이트의 손으로 세워진 것은, 새로이 캐스팅된 병리적 인물들로 우글대는 새로운 종류의 정상성이요, 결말이 열려 있는 자아 프로젝트요, 막연하면서도 강력한 자아 목표이다.

셋째로(중요성에 있어서는 첫째와 둘째에 못지않다), 프로이트는 이러한 새로운 구상의 핵심에 성, 성적 쾌락, 섹슈얼리티를 놓았다. 프로이트가 등장하기 전까지는 섹슈얼리티를 규제하는 방편으로 다량의 문화 자원들이 동원되었는데, 이를 고려하면 프로이트가 억제되어 있던 당대의 상상력에 불을 지폈으리라는 것은 충분히 짐작할 수 있다(프로이트의 손으로 세워진 열린 결말의 자아 프로젝트에서 성과 섹슈얼리티는 병리를 야기할 수 있는 강력한 무의식적 원인인 동시에 성숙한 발달의 신호였다). 섹슈얼리티가 현대 구상 속에 매끄럽게 통합될 수 있었던 데는 그럴 만한 이유가 있었다. 곧 매우 현대적인 모티브인 섹슈얼리티는 역시 매우 현대적인 모티브인 언어와 결합함으로써 19세기 섹슈얼리티의 '원시주의적' 함의들을 벗어

---

11 Foucault, Michel, 1967, *Madness and Civilization: A History of Insanity in the Age of Reason*, Toronto: New American Library.

났다. 한편으로는 언어 안에 예상 밖의 새로운 섹슈얼리티가 들어와 있었고(예를 들면 '착오행동'—말실수—의 테마), 다른 한편으로는 섹슈얼리티 자체가 상당한 개념화·언어화 작업을 거쳐야 비로소 도달될 수 있는 문제, 곧 언어적인 문제가 되었다.

정신분석학의 구상이 미국에서 이처럼 엄청난 영향을 미치게 된 데는 여러 가지 제도적·조직적 이유들이 있다. 첫째, 미국의 가족은 점점 삼각형 구조―존 데모스John Demos에 따르면 "온실" 가족―를 띠게 되었는데 이러한 삼각형 구조는 오이디푸스 컴플렉스라는 프로이트의 삼각형 이론과 흡사했다.[12] 둘째, 프로이트의 여러 이론들은 초기 및 중기 소비문화의 핵심이라 할 수 있는 진정성 찾기와 공명했다.[13] 셋째, 학술 기관, 의료 기관, 저술 기관 등에 속해 있던 각종 성원들이 프로이트의 여러 이론들을 수용하고 유포했다.[14] 넷째, 의료 행위와 대중문화 사이의 제도적 경계가 뚜렷하지 않다 보니, 의사들이 프로이트주의 등과 같은 새로운 개념의 대중화를 담당했다.[15] 마지막으로, 의학과 대체의술 사이에서 격렬한 논쟁이 벌어졌고, 프로

---

12 Demos, John, 1997, "Oedipus and America: Historical Perspectives on the Reception of Psychoanalysis in the United States" & "History and the Psychosocial: Reflections on 'Oedipus and America'" in J. Pfister & N. Schnog (eds.), *Inventing the Psychological: Toward a Cultural History of Emotional Life in America*, New Haven, CT: Yale University Press. pp. 63~83.

13 Lears, T. J. Jackson, 1994, *No Place of Grace: Antimodernism and the Transformation of American Culture, 1880~1920*, Chicago: Chicago University Press.

14 Kurzweil, Edith, 1998, *The Freudians: A Comparative Perspective*, London: Transaction.

이트의 패러다임을 통해 양자의 화해가 이루어지는 것처럼 보였다.[16] 미국 제도들이 프로이트의 개념들에 열광했던 데는 여러 가지 복잡한 이유가 있었지만, 아쉽게도 여기서 그것을 길게 말할 수는 없다. 여기서는 간단하게 정신분석학의 독특한 입장을 지적하고 끝내겠다. 정신분석학은 한편으로는 심리학, 신경학, 정신병학, 의학 등 여러 가지 분화된 실천을 연결하고 다른 한편으로는 고급문화와 저급문화를 연결하는 입장에 있었으며, 바로 그런 이유에서 미국문화의 온갖 지점들로 널리 확산될 수 있었다. 미국문화의 여러 지점 중에 정신분석학의 흔적이 특히 눈에 띄는 곳이 바로 영화와 실용서다.

실용서는 1920년대에 영화와 함께 문화산업으로 부상했고, 나중에는 심리학의 개념들을 유포하고 감정 규범들을 설명하는 가장 튼튼한 발판이 된다. 실용서는 여러 가지 요건들을 한꺼번에 충족시켜야만 한다. 첫째, 실용서란 일반적인 어법을 사용해야 한다. 다시 말해 법칙 비슷한 언어로 법칙 비슷한 명제를 진술해야 한다. 그래야 실용서의 권위를 확보할 수 있다. 둘째, 다양한 내용의 문제들을 다루어야 한다. 그래야 일정하게 소비되는 상품이 될 수 있다. 셋째, 초超윤리적 태도를 견지해야 한다. 다시 말해 섹슈얼리티나 사회관계에

---

15 Hale, N.,1971, *Freud and the Americans: The Beginnings of Psycho-analysis in the United States*, New York: Oxford University Press; Hale, N., 1995, *The Rise and Crisis of Psychoanalysis in the United States: Freud and the Americans, 1917~1985*, New York: Oxford University Press.

16 Caplan, Eric, 1998, *Mind Games: American Culture and the Birth of Psychotherapy*, Berkeley: University of California Press.

서의 처신과 관련된 문제에 대해서 중립적 관점을 제공해야 한다. 그래야 가치와 시각을 달리하는 다양한 독자층을 확보할 수 있다. 끝으로, 신용할 수 있는 적법한 출처를 밝힐 수 있어야 한다. 정신분석학과 심리학이 실용서 산업의 노다지가 됐던 것은 바로 이런 이유에서였다. 상술하자면, 정신분석학과 심리학은, 첫째로 과학의 후광에 둘러싸여 있었으며, 둘째로 온갖 개별 내용들에 적용될 수 있었으며(온갖 개별적 특수성에 맞출 수 있었으며), 셋째로 온갖 문제들을 다룰 수 있는 덕에 제품다각화가 가능했으며, 넷째로 금기시된 주제에 대해서 냉정한 과학의 시선을 제공하는 것처럼 보였다. 소비시장이 확장되면서, 출판 산업과 여성 잡지는 바로 이런 유의 언어―이론과 이야기를 동시에, 일반성과 특수성을 동시에, 가치판단의 배제non-judgmentality와 규범성을 동시에 제공할 수 있는 언어―에 매달렸다. 실용서가 독자에게 직접적인 방식으로 영향을 미치는 것은 아니지만, 그럼에도 실용서는 자아에 필요한 어휘와 사회관계들을 놓고 타협을 벌이는 데 필요한 어휘를 제공한다는 점에서 중요한 의미를 갖는다. 이러한 실용서의 중요성이 아직은 충분히 인식되지 않고 있다. 한편으로 오늘날의 문화 질료들은 많은 경우 충고, 지침, 처방의 형태로 우리에게 주어지며, 다른 한편으로 여러 사회 거점에서 자아는 내가 만든(self-made) 자아―여러 문화 레퍼토리들을 이용하여 행동의 방향을 결정하는 자아―로 나타난다. 이런 점을 고려할 때, 실용서가 자아의 자기이해에 필요한 어휘를 구성하는 데 중요한 역할을 했으리라는 것은 쉽게 짐작할 수 있다.

기업 마인드의 재구성

다른 전문가들(변호사나 엔지니어 등)과는 달리, 심리학자들은 그야말로 온갖 영역에서—군사에서부터 마케팅과 섹슈얼리티를 거쳐 육아에 이르기까지[17]—느리게 그러나 확실히 심리학의 전문성을 주장했고, 이를 위해 실용서를 이용했다. 20세기 동안 심리학자들은 교육, 범죄행동, 법정에서의 전문가 증언, 결혼, 죄수갱생프로그램, 섹슈얼리티, 인종적·정치적 갈등, 경제행위, 군대사기 등의 영역에서 발생하는 온갖 문제에서 점점 지도자를 자처했다.[18]

미국에서 심리학자들의 영향력은 특히 기업에서 뚜렷하게 나타났다. 여기서 심리학자들은 감정을 경제활동의 영역과 결합함으로써 완전히 새로운 생산관을 내놓았다. 1880년대부터 1920년대까지를 우리는 자본주의의 황금기라고 부른다. "공장체제가 수립되고, 자본이 집중되고, 생산이 표준화되고, 조직이 관료화되고, 노동이 대공업으로 통합되던 시기"였다.[19] 이 시기에 일어난 가장 큰 변화는 대기업의 발생이었다. 기업들은 수천 명에서 때로 수만 명에 이르는 노동자를 고용함으로써 "복잡한 관료조직과 통합적 위계질서"를 세웠다.[20]

---

17   Herman, Ellen, 1995, *The Romance of American Psychology: Political Culture in the Age of Experts*, Berkeley: University of California Press 참고.

18   Ibid.; Cushman, P., 1995, *Constructing the Self, Constructing America: A Cultural History of Psychotherapy*, Boston, MA: Addison-Wesley.

19   Shenhav, Yehuda, 1999, *Manufacturing Rationality*, New York: Oxford University Press, p. 20.

1920년대에 오면 임금 노동자의 86%가 제조업에 고용된다.[21] 그러나 미국 기업에서 일어난 더 큰 변화는 관리직 노동자의 비율이 세계 최고를 기록했다는 점이다(생산직 노동자 100명당 관리직 노동자 18명).[22] 회사가 커지는 현상은 생산과정의 체계화와 합리화를 목적으로 하는 경영 이론들이 강세를 띠는 현상과 궤를 같이 했다. 경영체계가 변화하면서 경영권의 소재도 변경 —정확히 말하면 확산— 됐다. 곧 경영권은 전통적인 자본가의 손을 벗어나서 경영 관료들의 손에 넘어갔고, 경영 관료들은 과학의 수사, 합리성의 수사, 일반복지general welfare의 수사를 통해서 권위를 확보하고자 했다. 이러한 변화를 개인의 말살로 보는 시각도 있다. 이러한 시각에 따르면, 새로운 형태의 권력을 장악한 엔지니어들은 직장을 하나의 "체계"로 간주하는 새로운 이데올로기 —경영 이데올로기— 를 강제하는 전문가 계급으로, 일반 규칙들과 법칙들을 수립하여 노동자와 노동과정에 적용하고 개인들을 말살하는 존재였다.[23] 전통적으로 자본가들은 탐욕스럽고 이기적인 존재로 그려져온 반면, 새로운 경영 이데올로기가 내세우는 경영자는 합리적이고 책임감 있고 예측 가능한 존재이자 새로운 표준화와 합리화의 규칙들을 제시하는 존재였다.[24] 엔지니어들은 인간

---

20   사주들은 그때까지 생산과정을 관리하고 있던 하청업자들을 점점 밀어내고, 해고와 고용 등 노동자를 관리할 권한을 확보했다.
21   Shenhav, *Manufacturing Rationality*.
22   Ibid., p. 206.
23   Ibid.
24   Ibid., p. 197.

을 기계로 파악하고 기업을 비인격적 경영체계로 파악하는 경향이 있었다. 그러나 이러한 시각은 중요한 사실을 간과하고 있다. 엔지니어들의 수사와 나란히 혹은 그에 뒤이어, 또 하나의 담론이 출현했다는 사실이 바로 그것이다. 심리학자들이 가장 먼저 주창했던 이 두번째 담론은 개인이라는 단위, 노사관계의 비합리적 차원, 그리고 노동자의 감정을 매우 중시했다.[25]

20세기 초부터 실험심리학자들은 경영자들로부터 사내 규율과 생산성이라는 문제를 해결해달라는 청탁을 받았다.[26] 1920년대에는 임상심리학자들이 회사 경영을 위한 새로운 지침을 정식화하는 일에 동원되었다. 회사에 동원된 임상심리학자 다수가 프로이트의 정신역동론psychodynamism을 받아들여 특히 군사 분야─전쟁 트라우마 치료 또는 징병─에서 성공을 거둔 바 있는 학자들이었다.

엘튼 마요Elton Mayo를 빼고는 경영 이론을 말할 수 없다. "지난 사 반세기 동안, 어느 학문 분야에서 또는 어느 연구 영역에서, 마요만큼 막대한 영향을 미쳤던 연구자도 없었고 호손 연구만큼 지대한 영향을 미쳤던 연구도 없었다."[27] 인간관계운동human relations movement에

---

25 악명 높은 Frederick Taylor마저도 자기가 많은 공장 노동자들이 표출하는 분노에 충격을 받았다고 말했다. Peter, Stearns, *American Cool: Constructing a Twentieth-Century Emotional Style*, New York: New York University Press, p. 122 참고.
26 Baritz, L., 1979, *Servants of Power: A History of the Use of Social Science in American Industry*, Middletown, CT: Wesleyan University Press.
27 Carey, Alex, 1967, "The Hawthorne Studies: A Radical Criticism," *American Sociological Review* 32 (June): 403~416.

앞서, 실험심리학자들은 '충성심'이나 '책임감' 같은 윤리적 자질이 사내에서의 생산적 인성의 핵심이라고 주장한 바 있다. 여기서 한발 더 나아간 마요의 유명한 호손 실험(1924년에서 1927년까지 실시)은 감정적 상호작용 자체에 유례없는 관심을 보였다. 이 실험을 통해 마요는 노동자의 감정을 배려하는 노사관계일 때 생산성이 높아진다는 결론을 내렸다. 융Carl Jung의 이론을 따르는 정신분석학자로 훈련받은 마요는 "인격"character이라는 빅토리아 시대의 윤리적 언어를 직장에서 몰아내고 정신분석학적 구상을 들여왔다.[28] 마요는 회사의 문제에 전적으로 치료적인 방식으로 개입했다. 예를 들어 마요가 채택한 면담법은 (명칭만 빼고는) 치료면담과 **똑같았다**. 마요가 이끄는 연구진이 개입했던 곳은 제너럴일렉트릭GE 산하의 공장이었는데, 마요가 회사에 불만을 느끼는 노동자들을 상대로 한 자신의 면담법을 소개하는 것을 들어보자.

노동자들은 허심탄회하게 이야기하기를 원했고, 자기네가 하는 말이 (다른 사람에게 누설되지 않고) 직업상의 비밀에 붙여지리라고 기대했다. 그들이 원하는 이야기 상대는 회사를 대변하는 것처럼

---

[28] Susman, Walter, 1984, *Culture as History: The Transformation of American Society in the Twentieth Century*, New York: Pantheon Books. Susman은 "성격" 지향적 사회에서 "인성" 지향적 문화로의 이행을 상세히 설명한다. 여기서 Susman은 "인성"에 대한 강조가 기업에 기원을 두고 있다는 점과, 심리학자들이 문화의 무대에 개입한 결과, "인성"이 "연출"의 대상, "작동"의 대상, 조작의 대상이 되었다는 점을 증명하고 있다.

보이는 사람, 또는 자기에게 권위가 있는 듯이 행동하는 사람이었다. 그런 사람과 이야기하는 경험 자체가 이례적인 것이었다. 자신이 하는 모든 이야기를 중간에 가로막지 않고 계속 들어주는 똑똑하고 정중하고 열성적인 청자를 상대했던 경험—이 세상에서 이런 경험을 해본 사람은 별로 많지 않다. 그러나 그들에게 이러한 경험을 제공하기 위해서는 우선 면담자 훈련이 필요했다. 면담자에게는 응답자의 말에 귀를 기울이고, 응답자가 하는 말을 가로막거나 충고하기를 삼가며, 각각의 경우에 자유로운 표현을 방해할 가능성이 있는 일체의 행동을 피하는 법을 가르쳐야 했다. 이를 위해 면담자를 위한 몇 가지 규칙이 마련되었다. 그것은 다음과 같았다.

1. 응답자에게 관심을 집중할 것. 그리고 그것을 응답자가 분명히 알게 할 것.
2. 말하지 말고 듣기만 할 것.
3. 절대로 논쟁하지 말 것. 절대로 충고하지 말 것.
4. 면담자가 들어야 할 내용:
   (a) 응답자가 말하고 싶어하는 것
   (b) 응답자가 말하고 싶어하지 않는 것
   (c) 응답자가 혼자 힘으로는 말할 수 없는 것
5. 이야기를 듣는 동안, 진행 중인 이야기의 (개인적) 패턴을 가지고 잠정적 플롯을 만들 것. 그리고 확인 후 수정할 것. 수시로 응답자의 이야기를 요약해 내가 만든 플롯이 맞는지를 확인할 것

("이러저러하다는 말씀이신가요?"). 확인할 때는 최대한 신중을 기할 것. 뜻을 분명하게 하되 더하거나 왜곡하지 말 것.

6. 응답자가 하는 모든 말은 비밀이며 절대 누설하면 안 된다는 것을 명심할 것.[29]

이처럼 마요가 자기의 면담법을 소개하는 말은, 내가 아는 한에서는 치료면담에 대한 최고의 정의이다(억제되지 않은 이야기와 감정들을 끌어내고 신뢰를 얻는 것이 바로 치료면담의 목표이다). 마요가 감정과 가족과 결속을 중시했던 것은 우연이 아니었다. 사실상 마요는 치료학의 범주들을 직장으로 들여왔을 뿐이었다. 마요가 연구한 사례들을 분석할 때, 우리는 두 가지 사실을 알 수 있다. 첫째, 마요는 노사갈등에 접근하는 방식으로 심리학적 면담법을 채택했다. 둘째, 마요의 면담법은 감정적인 응답을 끌어냈고 가정의 유령을 직장으로 불러냈다. 마요는 여성 노동자의 문제들을 감정적인 문제, 가족사를 반영하는 문제로 보면서 풀어갔다. 예를 들어보자. "한 여성 노동자는 〔……〕 면담 중에 자기가 어떤 상사를 왜 싫어하는지를 깨달았다. 그녀는 그 상사가 자기가 싫어하는 계부를 닮았다고 생각했고 그래서 그 상사를 싫어했던 것이었다. 면담자에게 그녀가 '다루기 어려운' 직원이라고 귀띔했던 것이 바로 그 상사였다. 그럴 만도 하다."[30] 다른 예를 들어보자. 한 여성 노동자는 어머니 문제가 있었다.

29 Mayo, Elton, 1949, *The Social Problems of an Industrial Civilization*, London: Routledge & Kegan Paul, p. 65.

그녀의 어머니는 그녀에게 회사에 승진을 요구하라는 압력을 넣고 있었다. 면담자는 그녀가 어머니의 압력으로 인해 업무수행에 차질을 빚고 있음을 입증할 수 있었다.

> 그녀는 면담자에게 자신의 상황을 털어놓았고, 그 과정에서 승진이 자기에게 의미하는 바를 분명히 알게 되었다. 그녀에게 승진이란 매일 보는 동료들과의 이별을 의미했다. 논의의 초점을 약간 벗어나는 이야기이지만, 그녀가 면담자에게 자신의 상황을 설명한 뒤 똑같은 내용을 어머니에게도 차분하게 전달할 수 있었다는 점은 흥미롭다. 〔……〕 어머니는 즉시 딸을 이해했고 승진 운운하는 이야기를 삼가기로 했다. 그녀는 원래 하던 일로 돌아왔다. 이 마지막 사례를 통해서 알 수 있는 바와 같이, 면담은 (공장 안에서는 물론 공장 밖에서도) 소통라인 상의 감정적인 걸림돌을 제거한다.[31]

마요의 연구 사례에서 우리가 눈여겨볼 점은, 첫째로 가족의 결속이 자연스럽게 직장 내로 들어온다는 것, 둘째로 정서와 정신분석학적 구상이 노사관계와 생산성의 핵심에 놓인다는 점이다(예를 들면 바로 앞의 사례에서 "감정적인 걸림돌" 같은 표현). 정서성emotionality의 언어와 생산적 효율성의 언어가 점점 뒤얽히게 되었으며, 서로가 서

30　Ibid., p. 69.
31　Ibid., p. 72.

로의 구성요소가 되었다.

엘튼 마요는 두 가지 점에서 경영이론에 혁명을 일으켰다. 첫째, 자아됨이라는 윤리의 언어를 심리학이라는 냉정한 학문의 용어로 개조했고, 둘째, 한창 기세등등하던 합리성이라는 엔지니어들의 수사를 "인간관계"라는 새로운 어휘로 대체했다. 마요가 보기에 갈등의 원인은 부족한 자원을 둘러싼 경쟁이 아니라 헝클어진 감정, 인성 요인, 해결되지 않은 심리적 갈등 같은 것이었다. 곧 마요의 연구 이후 **가정과 직장 사이의** (담론적) **연속성**이 확립되었으며, 정신분석학적 구상이 경제적 효율성의 언어의 핵심에 놓이게 되었다. 이게 다가 아니었다. 마요의 연구 이후, 좋은 경영자가 된다는 것은 좋은 심리학자의 특징들을 갖춘다는 것을 뜻하게 되었다. 다시 말해 좋은 경영자가 된다는 것은 사내에서의 사회적 상호작용에 감정들이 복잡하게 뒤얽혀 있음을 간파한다는 것, 이를 중시한다는 것, 그리고 이를 냉정하게 처리할 줄 안다는 것이다. 예를 들어 노동자들이 불만을 표시하는 경우, 마요가 이끄는 연구진은 경영자에게 노동자들의 분노에 귀를 기울일 것을 권고했다. 마요는 경영자가 노동자들의 분노에 귀를 기울이는 것이 노동자들의 분노를 가라앉히는 데 실제로 도움이 된다고 주장했다.[32]

그러나 마요가 제너럴일렉트릭에서 실시했던 실험에는 좀더 흥미로운 점이 있다. 그것은 실험대상들이 모두 여성이었다는 사실, 그

---

32   Stearns, *American Cool*.

리고 마요의 실험결과들이 (마요는 그것을 몰랐지만) 지극히 여성적이었다는 사실이다. 지금까지 많은 페미니스트가 주장해왔듯이, 우리 문화 범주들 안에는 남성성이 암암리에 각인되어 있다. 그렇다면 마요의 실험결과들은 페미니스트들의 주장과는 상반되는 사례이다. 다시 말해 마요의 "보편적" 주장에는 여성성이 각인되어 있다. 마요는 미국 회사에서 근무하는 실험대상 여성들의 문제(근본적으로 대인관계의 문제이자 감정의 문제)를 풀기 위해 여성의 방법(이야기와 감정소통에 의존하는 방법)을 사용했다. 예를 들어보자. 마요의 주장에 따르면, 자기가 이끄는 연구진이 노동자들과 이야기를 나눈 다음 생산력이 높아졌다. 그리고 마요의 가설에 따르면 그 이유는, 노동자들이 스스로를 중요한 존재, 선택받은 존재로 느꼈기 때문이요, 원만한 대인관계가 이루어졌기 때문이요, 원만한 대인관계를 토대로 쾌적한 노동환경이 만들어졌기 때문이었다. 요컨대 마요는 심리학의 개념 도구들을 여성에게 적용했고, 여기에서 나온 실험결과를 보편화했다. 실제로 여성들의 감정적 경험과 여성들의 자아됨을 바탕으로 근대적 직장의 인간관계 관리 지침들을 마련하는 경향이 만들어졌으며, 이러한 경향의 시발점이 됐던 것이 바로 마요와 마요의 연구를 신봉하던 일군의 조직 컨설턴트들이었다. 한편, 직장 내 남성성을 재정의하는 경향도 생겨났는데, 마요는 여성의 경험을 보편화함으로써 남성성을 재정의하는 데도 크게 기여했다.

    마요의 연구가 지닌 의의는 또 있다. 마요는 감정에 대한 새로운 접근방식을 통해서 **관리자의 성격을 유화시켰다**. 사회사 연구자social historian 스테파니 쿤츠Stephanie Coontz가 지적하는 대로, "남자들이 미국이라는 공장에서 일하기 위해서 갖추어야 했던 자질들은 거의 여성적인 자질들(요령, 팀워크, 지시에 따르는 능력)이었다. 남성성에 대한 새로운 정의가 요구되었으며, 이는 노동과정에서 직접 빚어지는 것으로는 곤란했다."[33] 1920년대 이래로 새로운 경영이론에 힘이 실렸으며, 이에 따라 경영자들은 남성성에 대한 전통적인 정의들을 (부지불식간에) 수정하지 않을 수 없었고, 이른바 여성적인 속성들—감정에 대한 배려, 분노의 조절, 경청과 교감 등—을 자신의 인성 속에 집어넣지 않을 수 없었다. 물론 이 새로운 남성성은 여성성과는 다른 것으로 가정되었고, 그런 의미에서 모순적이었다. 그러나 어쨌든 이 새로운 남성성은 자기의 감정과 남들의 감정에 대한 의식적인 배려라는 측면에서 여성성과 흡사했고, 공장 경영자가 여성성에 이토록 근접한 것은 처음 있는 일이었다.

    빅토리아 시대의 감정 문화는 남자와 여자를 공적 영역과 사적 영역으로 분할했다. 이에 비해 20세기의 치료 문화는 감정생활을 직장의 중심에 놓음으로써 남녀의 경계와 공사의 경계를 약화시키고 교란시켰다.

---

[33]   Coontz, *Social Origins of Private Life*.

새로운 감정양식

심리학의 언어는 기업형 자아corporate selfhood의 담론을 구성함에 있어 엄청난 성공을 거두었다. 여기에는 두 가지 이유가 있었는데, 첫번째 이유는 심리학의 언어가 자본주의적 직장의 변화상을 자연스럽게 이해할 수 있게 해주었다는 것이었고, 두번째 이유는 심리학의 언어가 새로운 형태의 경쟁과 위계질서를 자연스럽게 수용할 수 있게 해주었다는 것이었다. 자본주의적 직장의 변화상이나 새로운 형태의 경쟁과 위계질서 등이 심리학의 설득 담론 자체와 무슨 본질적인 관계가 있는 것은 아니지만, 어쨌든 전자는 점점 후자에 의해 코드화되었다. 한편으로는 기업의 규모가 커지고 중간경영층(피고용자들과 고위경영진 사이)이 두터워지는 상황이었고, 다른 한편으로는 미국사회가 서비스 경제로 방향을 바꾸는 (이른바 후기산업사회로 나아가는) 상황이었으니, 여러 학문 담론 중에 심리학(사람과 상호작용과 감정을 일차적으로 다루는 학문)이 직장 내에서의 자아됨의 언어를 구성하겠다고 나선 것은 자연스러운 현상이었다. 심리학 담론이 엄청난 성공을 거두었던 배경에는 여러 전문 직종들의 발생이 있었다.[34] 곧 심리학의 언어(사람들, 감정들, 동기부여 등에 관한 언어)

---

[34] Abbott, Andrew, 1988, *The System of Professions: An Essay on the Division of Expert Labor*, Chicago: University of Chicago Press; Capshew, James H., 1999, *Psychologists on the March: Science, Practice, and Professional Identity in America, 1929~1969*, Cambridge: Cambridge University Press.

는 미국 직장의 대규모 변화상과 일치하는 언어, 그러한 변화상을 자연스럽게 이해할 수 있게 해주는 언어인 것 같았다. 칼 만하임Karl Mannheim이 자신의 고전적 연구서 『이데올로기와 유토피아』Ideology and Utopia에서 말했듯이, "(하나의) 사유 양식이란 사람들이 자기들의 엇비슷한 입장에서 비롯되는 전형적인 상황들 앞에서 지속적으로 취하게 되는 일체의 반응을 뜻한다."[35] 우선 기업은 조율과 공조를 요구했고, 기업의 위계질서는 상품지향성과 함께 인간지향성을 요구하기 시작했다. 직장 내 자아관리management of self가 "문제"로 자리 잡은 것은 그 때문이었다. 이어 1920년대 후반에 불황과 함께 실업률이 가파르게 상승하자, 노동은 점점 불확실한 어떤 것이 되어갔다.[36] 전문 이론들에 대한 의존도가 높아졌던 것은 그 때문이었다. 심리학자들이 "지식 전문가"로 행세하며 자기네가 인간관계를 개선시킬 방안들을 개발하고 이를 통해 "지식 구조"(일반인의 사고방식을 구성하는 의식)를 바꾼다고 자처했던 것은 이런 맥락에서였다. 더구나 경영자들과 회사 사주들이 보기에 심리학의 언어는 자기 쪽 이해관계에 특히 잘 들어맞는 것이었다. 그들은 심리학이 이윤을 늘리고, 노동 소요를 막고, 경영자-노동자 관계를 비대결적 방식으로 조직하고, 계급투쟁에 감정과 인성이라는 무해한 언어를 적용함으로써 계급투쟁 자

[35]   Manheim, Karl, 1936, *Ideology and Utopia*, New York: Harcourt Brace Jovanovich, p. 3(강조는 인용자의 것).

[36]   Kimmel, Michael, 1996, *Manhood in America: A Cultural History*, New York: The Free Press 참고.

체를 무력화할 것을 약속하는 것으로 보았다. 노동자 쪽에서도 심리학의 언어는 매력적인 것이었다. 겉으로 보기에 비교적 민주적이라는 것이 그 이유였다. 예를 들어 심리학의 언어를 사용하게 되면, 바람직한 리더십의 원천이 태생적 특권과 사회적 지위가 아니라 인성과 타인을 이해하는 능력이 되었다. 어쨌든 과거의 노동 관리 통제 체제하에서는 "고용, 해고, 임금, 승진, 노동량 같은 사안에서 노동자가 관리자의 권위에 복종해야 했다. 대부분의 노동 관리 방식은 엄격한 통제와 언어 학대가 수반되는 '관리자 전권 체계'drive system였다."[37] 많은 사회학자들은 기업에서 심리학을 활용하기 시작한 것을 새로운 노동 통제 방식, 곧 교묘하고 따라서 더 강력한 통제방식으로 생각한다. 하지만 내 생각은 다르다. 심리학이 노동자들 사이에서 상당한 설득력을 발휘한 이유는, 그것이 권력 관계였던 노동자-경영자 관계를 민주화하고, 사회적 지위와 무관한 인성이 사회적·경영적 성공의 열쇠라는 새로운 믿음을 주입했기 때문이다. 다시 말해 심리학 담론은 "평등"과 "공조"라는 두 가지 핵심적인 문화 모티브를 바탕으로 새로운 형태의 사회성과 정서성을 엔지니어링했다(관계 속에 있는 사람들은 평등하다고 간주되었으며, 관계의 목적은 노동 효율성을 위한 공조였다). 평등과 공조라는 이중적 가정이 직장 내 처신을 새롭게 규제하게 되었지만, 이런 규제들을 "허위의식", "감시", "이데올로기"와 같은 것으로 볼 수는 없다.

[37] Shenhav, *Manufacturing Rationality*, p. 21.

기업정신으로서의 소통윤리

심리학자들은 새로운 분석 대상들을 창안함으로써 새로운 행동 모델들을 창안했고, 그 과정에서 온갖 도구들, 실천들, 제도들을 동원했다. 1930년대에서 1970년대까지 대중심리학자들이 경영 지침서에서 설명했던 이러한 이론들은 "소통" 모델 — 당시에 지배적이었던 문화 모델 — 을 중심으로 수렴된다. 사회학자들은 "소통" 하면 일단 하버마스를 떠올리는데, 그러다 보니 소통이 (하나의 개념이자 문화적 이상으로서) 30~40년 전부터 지금까지 경영서와 대중문화에서 널리 유통돼왔다는 사실은 잊혀져버렸다. 실제로 "소통"은 (치료학적 개념으로서) 바람직한 경영자와 유능한 사원에게 요구되는 감정적, 언어적 속성, 나아가 인성적 특질을 가리키는 개념이 되었다. 내가 보기에는 "소통" 그리고 "소통능력"이란 푸코가 말했던 에피스테메 — 새로운 지식 도구들과 새로운 지식 실천들을 산출하는 새로운 지식 대상 — 의 대표적인 사례이다.[38] 그러나 푸코는 사람들이 이런저런 형태의 지식을 가지고 **실제로 무엇을 하는가**, 이런저런 형태의 지식이 구체적인 사회관계에서 "무슨 쓸모가 있는가"라는 질문을 던지지 않았다(푸코의 이론적 전제들하에서는 그런 질문을 던지는 것이 아예 불가능했다). 나는 푸코 식의 접근방식 — 심리학적 의미들과 실천

---

[38] Foucault, Michel, 1982, *The Archaeology of Knowledge*, New York: Pantheon Books.

들 일체를 "훈육", "감시", "통치"governmentality라고 명명하는 접근방식―과는 상반되는 실용주의적 접근방식[39]―사람들이 지식을 가지고 실제로 무엇을 하는가, 사람들은 서로 다른 맥락과 서로 다른 사회 영역에서 "쓸모있는" 의미들을 실제로 어떻게 생산하는가를 질문하는 접근방식―을 채택하고자 한다.[40]

언어학적 소통모델은 (문화 도구이자 문화 레퍼토리로서) 행위주체들이 **외적 관계**(동등한 존재로 간주되며 동일한 권리를 부여받은 사람들 사이의 관계) 및 **내적 관계**(외적 관계들의 조율에 필요한 복잡한 인지 장치 및 감정 장치)를 조율하게 해준다는 용도를 갖는다. 요컨대 "소통"이란 자기관리의 테크놀로지로서, 언어와 올바른 감정관리에 광범위하게 의존하며, 대인적 감정inter-emotion의 조율과 내부적 감정intra-emotion의 조율을 모두 포함하는 감정 조율의 엔지니어링을 목표로 삼는다.

[39] "이러한 '실용주의적 사회학'의 주요한 특징은 미국 실용주의의 몇 가지 가정을 차용한다는 것이다(단 차용의 정도는 큰 차이를 보인다). 이런 가정에는, 실체화와 사회현상의 사물화를 거부한다는 것, 다원주의, 불가지론, 일상 생활의 지식과 사회학적 지식 간에 연속성이 있다는 생각(바슐라르의 '인식론적 단절'과 상반되는 생각) 등이 포함된다. '행위자를 주시하라'느니 '능동적인 사회현상을 관찰하라'느니 하는 모토들은 대충 이런 경향을 보이는 사회학자들이 사용하는 구호이다." Lemieux, Cyril, "New Developments in French Sociology"(미출간 원고).

[40] Dewey, John, 1929, *The Quest for Certainty: A Study of the Relation of Knowledge and Action*, New York: Minton, Balch; Joas, Hans, 1993, *Pragmatism in Social Theory*, Chicago: Chicago University Press; Rawls, Anne Warfield, 1997, "Durkheim and Pragmatism: An Old Twist on a Contemporary Debate," *Sociological Theory* 15(1): 5~29.

대중심리학이 제시하는 소통의 요건을 보자면, 바람직한 경영자의 첫번째 요건은 스스로를 "객관적으로" 평가하는 것, 곧 내가 남들에게 어떻게 보이는지를 아는 것이다. 이는 꽤 복잡한 자기성찰을 요하는 일이다. 성공적인 리더십에 관한 지침서를 보면, 미드형 인간 — 나의 자아이미지를 남들이 나에 대해 갖고 있는 이미지와 비교 평가하는 인간형 — 이 될 것을 처방하는 책이 아주 많다.● 어떤 실용서를 보면 다음과 같은 내용도 있다. "만약에 마이크가 이번 경영 훈련 과정〔소통 강습회〕에 참여하지 못했다면, 그의 앞길은 지지부진했을지도 모른다. 마이크가 무능하기 때문에 그런 것은 아니다. 하지만 **마이크는 사람들에게 자기에 대한 잘못된 인상을 심어주고 있었는데, 자기는 그 사실을 모르고 있었다.**"[41] 경영 관련 실용서적들을 보면, 자기를 밖에서 바라볼 줄 아는 능력(이를 통해 내가 남들에게 주는 인상을 통제할 수 있다)이 성공의 조건이라고 말한다. 단, 남들 눈에 보이는 모습을 통제할 줄 알게 되었다고 해서 냉정하거나 냉소적인 태도를 취하게 되는 것은 아니다. 오히려 반대다. 미드 식의 성찰형 자아 reflexive self-hood는 공감 기술이나 감정이입 기술의 계발을 과제로 삼는다. 카네기 데일Carnegie Dale의 『친구로 만들고 영향력을 행사하는 법』How to win friends and Influence People을 예로 들어보자. 1937년에 출판되어 폭발적

● George Herbert Mead는 미국의 실용주의 심리학자이다.

[41] Fontana, D., 1990, *Social Skills at Work*, Leicester, UK: British Psychological Society, Routledge, p. 23〔강조는 필자의 것〕.

인 인기를 끌었던 이 책에는 다음과 같은 내용이 있다. "당신이 이 책을 읽고 한 가지만 알게 되었으면 그것으로 충분하다. 항상 상대방의 관점에서 생각하기, 사물을 볼 때 나의 시각에서 봄과 함께 상대방의 시각에서 보기. 당신이 이 책을 읽고 바로 이것 한 가지만 알게 되었다면, 당신은 성공으로 가는 중요한 열쇠 하나를 얻은 셈이다."[42]

감정이입 — 타인의 관점이나 감정과 동일시하는 능력 — 은 감정 기술인 동시에 상징 기술이다. 곧 감정이입의 전제조건은 남들의 행동이 보내오는 복잡한 신호를 해독하는 것이다. 소통을 잘한다는 것은 남들의 행동과 감정을 해석할 줄 안다는 뜻이다. 소통을 잘 하려면 감정 기술과 인지 기술 둘 다를 매우 복잡하게 조율할 줄 알아야 한다. 곧 감정이입에 성공하려면 남들이 자기의 자아를 은폐하는 동시에 노출하는 복잡한 신호망을 완벽하게 알고 있어야 한다. 회사에서 성공하는 법을 가르치는 책을 읽어보면, 많은 경우 마치 기호학 입문서 같다. 장 제목을 보면, "신호와 암호를 알아보는 법", "말에 숨은 의미" 같은 것도 있다.[43]

이런 맥락에서 자의식은 남들과 동일시하라는 명령, 남들의 말에 귀를 기울이라는 명령과 그리 다른 것이 아니다. 예를 들어 소통 기술을 알려준다는 한 인터넷 사이트는 다음과 같은 지침을 준다.

[42] Carnegie, Dale, 1937, *How to Win Friends and Influence People*, New York: Simon & Schuster, p. 218.
[43] Margerison, Charles J., 1987, *Conversation Control Skills for Managers*, London: Mercury Books.

바람직한 소통 기술에는 높은 수준의 자의식이 요구된다. 나 자신의 소통 양식을 이해하게 되면 남들에게 좋은 인상, 오래 남는 인상을 줄 수 있게 된다. 내가 상대방의 눈에 어떻게 보이는지를 좀더 분명하게 알게 되면, 상대방의 소통 양식에 좀더 쉽게 적응할 수 있다. 그렇다고 해서 상대방에 따라 변신하는 카멜레온이 되어야 한다는 얘기는 아니다. 내 인성에도 들어맞고 상대방의 인성과도 공명하는 행동들을 선택하고 강조하는 것이 상대방을 편안하게 하는 방법이다. 바로 이런 행동들을 통해 나는 능동적인 청자가 될 수 있다.[44]

상대방의 말에 귀를 기울이는 능력, 곧 상대방의 의도와 의미를 충실하게 반영하는 능력은, 갈등을 예방하고 공조를 꾀하는 일에 꼭 필요한 것으로 여겨지고 있다. 경영자가 상대방의 말에 귀를 기울이는 것은 상대방을 "인정"하기 때문이다(여기서 인정recognition은 철학자 악셀 호네트의 용어로서 "[사람들이 갖고 있는] 자기 자신에 대한 긍정적 인식"을 뜻한다). 요컨대 "자아이미지란 다른 사람들이 계속 뒷받침해주리라는 가능성에 의존"하는 것이므로, 인정은 인지 차원과 감정 차원에서 공히 상대방의 주장과 입장을 인정하고 강화하는 일이라고 할 수 있다.[45]

---

[44] http://www.mindtools.com/CommSkll/CommunicationIntro.htm
[45] Honneth, Axel, 2001, "Personal Identity and Disrespect," in S. Seidman & J. Alexander (eds.), *The New Social Theory Reader: Contemporary Debates*, London: Routledge, pp. 39~45 중에서 p. 39 참고.

"능동적 청자의 테크닉"은 여러 가지 기능을 행한다.[46] 우선 능동적 청자는 감정의 분출을 가능하게 한다. 화자는 상대방이 자기에게 귀를 기울이고 있다고 느낄 때 긴장을 풀게 된다. 화자는 청자의 자세와 몸짓(고개 끄덕이기 등)을 보면서 상대방이 자기에게 귀를 기울이고 있다는 느낌을 확인하게 된다. 화자의 감정이 청자의 감정에 반영된다("당신에게는 그것이 정말 중요했군요" 등의 반응). 청자는 화자가 했던 말을 화자에게 다시 들려줌으로써 자기가 이해한 내용이 맞는지를 확인한다. 청자는 질문을 통해서 좀더 정확한 이해에 필요한 정보를 얻는다. 화자-청자 기능은 갈등의 해결에 극히 중요하다. 쌍방 간에 관계를 지속할 필요가 있을 때 더욱 그러하다(이혼하는 부모, 보스니아의 인종 공동체들 등).[47]

"소통"은 상대방의 감정을 수용하고 공인하는 규범 및 테크닉을 창출함으로써 "사회적 인정"의 테크닉 및 메커니즘을 주입한다. 앞의 인용문을 보아도 알 수 있듯이, 사회성의 테크닉(사회적 인정의 테크닉 등)은 가족에서 시작해서 정치, 나아가 국제관계에 이르기까지 온갖 사회 영역들에 적용되는 기술이다. 이런 의미에서 볼 때, 소통은 모종의 문화 레퍼토리로서, 공조를 촉진하고 갈등을 예방 내지 해결하며 자아감 sense of self과 정체감 sense of identity을 뒷받침한다고 되어 있다. 다시 말해 직장 내 사회적 상호작용들이 자아로 하여금 자신의

---

46 Hocker, Joyce & William Wilmot, 1991, *Interpersonal Conflict*, Dubuque, IA: William C. Brown Publishers, p. 239.

47 http://www.colorado.edu/conflict/peace/treatment/commimp.htm

진정한 내면을 (감정과 욕구의 형태로) 구현하도록 요청하자, 치료학적 설득 담론은 사회적 인정의 메커니즘(노출된 자아에게 보호막을 제공할 수 있는)을 가동시켰다. 이런 의미에서 볼 때 소통은 사회성의 한 양식(항상 불안정한 자아감을 보호해야 하는)을 정의하는 방법이다. 결국 소통이란 새로운 형태의 사회적 능력을 뜻하며, 감정적·언어적 자기관리를 통해 사회적 인정의 패턴을 구축하는 것을 목표로 삼는다.

그러나 이것이 "소통"의 전부는 아니다. 사회학에서 소통은 한마디로 규정할 수 없는, 마치 반인반수 같은 개념이다. 한편으로 소통은 전략적인 이유에서 정당화된다. 곧 소통은 내가 세운 목표들을 달성하게 해준다고 되어 있다. 그러나 다른 한편으로 내가 전략적 목표를 성취하는 것은 인정의 동력이 사회적으로 장착되어 있음을 전제한다. 기업에서 성공하게 해준다고 되어 있는 이 소통은 감정적·언어적 역량이되 궁극적으로는 사회적 역량이다. 어떻게 보자면 심리학자들이 애덤 스미스Adam Smith의 철학에서 공존할 수 없다고 생각되는 두 측면―『도덕감정론』The Theory of Moral Sentiments으로 대표되는 측면과 『국부론』The Wealth of the Nations으로 대표되는 측면―을 한데 엮은 것처럼 보이기도 한다. 그도 그럴 것이, 감정이입의 기술, 청자의 기술을 개발함으로써 개인적 이익을 얻고 직업적 역량을 키울 수 있다는 것이 바로 심리학자들의 주장이다. 심리학자들은 직업적 역량을 감정적인 측면에서, 다른 사람들을 인정하고 다른 사람들과 공감하는 능력이라고 정의했다. 사회관계를 맺는 능력은 이제 직업적 능력

일반과 동의어로 쓰이기에 이르렀다.[48]

요컨대 처음에는 자아의 테크닉 그리고 이상적 자아를 정의하는 특징으로 등장했던 소통(개념이자 실천)이 이제 이상적 기업의 특징이 되기에 이르렀다. 예를 들어 거대기업 휴렛패커드Hewlett Packard의 회사소개는 다음과 같다. "HP는 소통의 정신을 호흡할 수 있는 회사, 끈끈한 상호관계의 정신을 호흡할 수 있는 회사, 사람들이 소통하는 회사, 서로에게 다가서는 회사입니다. HP는 정서적 관계입니다."[49] 다음의 인용은 소통이 기업형 자아corporate selfhood의 모델을 정의하는 특징이 되었다는 주장을 입증하는 또 하나의 사례다.

직원 수가 5만 명 이상인 회사의 채용담당자를 대상으로 하는 최근 설문조사에서, 관리자를 채용할 때 가장 중요하게 고려하는 요건으로 소통의 기술이 꼽혔다. 피츠버그 대학교 카츠 경영대학Katz Business School에서 실시했던 이번 설문조사에 따르면, 서류작성과 구두 발표를 포함하는 소통의 기술은 공조 능력과 함께 직업적 성공에서 가장 중요한 요건이다.[50]

---

[48] Brunel, Valerie, "Le 'Developpement Personnel' : de la figure du sujet à la figure du pouvoir dans l'organization liberale" (미출간 원고) 참고.

[49] Aubert, Nicole & Vincent de Gaulejac, 1991, Le Coût de l'Excellence, Paris: Seuil, p. 148.

[50] http://www.mindtools.com/CommSkll/CommunicationIntro.htm

소통이 기업형 자아를 정의하는 핵심적 특징이 되어온 이유는 여러 가지이다. 첫째로 사회관계의 민주화에 따라 규범의 구조가 바뀌었다. 곧 기업 조직들은 위계적 구조가 심화되었는데, 사회관계들은 민주화가 심화되었다. 따라서 이 두 가지 경향을 화해시킬 절차상의 규칙들을 수립할 필요가 생겼다. 둘째로 직업 능력, 직업 수행을 내면의 자아, 진실한 자아의 산물이자 반영으로 간주하는 시각이 강해졌다. 그러다 보니 "인정"보다 중요한 것은 아무것도 없어졌다. 이는 노동과정에서 평가받는 대상이 노동자의 기술에 국한되지 않는 "전인"全人이었기 때문이다. 마지막으로 경제 환경이 점점 복잡해졌고, 새로운 테크놀로지의 속도가 점점 빨라졌고, 이로 인해 기술은 빠르게 낙후되어갔다. 그러다 보니 성공의 기준 자체가 변화와 모순에 처했고, 자아는 불확실성에 시달리게 되었으며, 직장의 불확실성과 긴장을 조절할 책임은 모두 자아에게 돌아갔다. 요컨대 소통은 불확실성과 상충하는 과제들로 가득한 환경에서 길을 잃지 않을 수 있는 감정의 기술, 조율과 인정을 가르치는 기술을 통해서 다른 사람들과 공조할 수 있는 감정 기술이다.[51]

경제 영역은 감정이 결여된 영역이 아니라 오히려 정서로 가득한 영역이 되었다. 이때 정서란 공조의 과제를 담당하는 동시에 공조의 과제에 의해 운용되는 정서, 또는 "인정"을 토대로 한 갈등 해결 양식

---

[51] Bratish, Jack, Jeremy Packer, & Cameron McCarthy, 2003, *Foucault, Cultural Studies, and Governmentality*, Albany: State Blackwell Publishing.

을 뜻한다. 자본주의는 한편으로는 상호의존 네트워크를 요구하고 창출했지만,⁵² 다른 한편으로는 정서를 그 상호작용의 핵심으로 삼다 보니, 애초에 자기가 수립했던 성정체성gender identity을 해체하게 되었다. "소통의 에토스"communicative ethos는 이성적·감정적 기술들을 사용하여 상대방의 관점에 공감하도록 명령함으로써 관리자의 자아를 전통적인 여성 자아 모델로 향하게 만든다. 더 정확히 말해서, 소통의 에토스는 남자들과 여자들로 하여금 자기의 부정적 감정을 조절하게 하고, 친화적이 되게 하고, 자기를 상대방의 눈으로 보게 하고, 상대방에 감정이입하게 하며, 이런 방식으로 **남녀의 구분을 흐린다**. 예를 들어보자. "직업적인 관계에서, 남자들이 언제나 '딱딱한'hard 남성적 특징들과 동일시해야 하는 것은 아니고, 여성들이 언제나 '부드러운'soft 여성적 특징들과 동일시해야 하는 것도 아니다. 남성들도 여성들에 못지않게 감수성과 동정심에 강하고 공조와 설득에 능하며, 또 그래야만 한다. 마찬가지로 여성들은 남성들 못지않게 자기주장과 리더십에 강하고 경쟁과 지시에 능하며, 또 그래야만 한다."⁵³ 감정 자본주의는 여러 감정 문화들을 재배치하면서, 한편으로는 경제적 자아를 감정적이 되게 만들었고, 다른 한편으로는 감정들을 좀 더 도구적 행위에 종속되게 만들었다.

물론 실용서의 가르침이 회사 생활을 직접적인 방식으로 구성했

---

52 Elias, Norbert, 2000, *The Civilizing Process*, Oxford, UK: Blackwell Publishing 참고.

53 Fontana, *Social Skills at Work*, p. 8.

다는 말은 아니다. 실용서의 가르침이 회사라는 현실, 그리고 여성에 대한 남성의 지배라는 가혹하고 잔인한 현실을 바꾸었다는 말도 아니다. 내가 하려는 말은, 일단의 심리학자들과 경영 및 인간관계 컨설턴트들에 의해 정식화된 정서성이라는 새로운 모델이 중간계급 직장 내의 사회성 양식 및 모델을 교묘하게 그러나 확실하게 바꾸어놓았다는 것, 나아가 그것이 성차를 규정하는 감정적 경계를 (인지 차원과 실천 차원에서 공히) 재편했다는 것이다. 요컨대 자본주의적 직장을 감정 프리즘을 통해 바라보게 되면, 관습적으로 생각해왔던 것과 달리, 감정이 결여된 장소가 아니라는 것을 알 수 있다.

그러면 거꾸로 사적 영역을 감정 프리즘을 통해 바라보면 어떨까? 사적 영역도 달라 보일까? 관습적으로 설명하자면, 자본주의는 사적 영역과 공적 영역을 선명하게 구분했고, 여성들이 사적 영역을 지배했다. 사적 영역에는 공감, 부드러움, 이타적인 너그러움 같은 감정들이 포함되었으며, 사적 영역이 이런 감정들의 상징이었다고 말할 수도 있다. 중간계급의 사적 영역에 관한 낸시 코트Nancy Cott의 연구를 인용해보자면, 여성들은 "돈 문제에 따른 흥분이나 야심적인 경쟁과는 거리가 먼 존재였다. 남성은 맹렬히 싸우는 전사로 '파란만장한 인생극장'에서 '고된' 삶을 살았던 반면에, 여성은 남성이 헤쳐가야 하는 가시밭길에다 장미꽃을 뿌려주는 존재였다."[54] 그러나 사

---

[54] Cott, Nancy F., 1977, *The Bonds of Womanhood: "Woman's Sphere" in New England, 1780~1835*, New Haven, CT: Yale University Press, p. 231.

적 영역을 감정 프리즘을 통해 바라보게 되면, 가족이라는 정원에서 가꾼 장미에 유독 가시가 많은 것을 알게 된다.

근대적 가족의 장미와 가시
심리학자들이 결혼에 개입하다

치료언어가 가족을 논하는 특권적 언어라는 말은 이제 거의 식상할 정도다. 우선 치료언어는 처음 만들어질 당시부터 가족 내러티브였다. 곧 치료언어는 자아를 아동기에 그리고 일차적 가족관계에 종속시키는 내러티브, 자아와 정체성의 내러티브였다. 또한 치료언어는 가족—특히 중간계급 가족—의 변화상과 연동하는 언어였다.

흥미롭게도 20세기에는 치료 내러티브와 함께 또 하나의 가족 내러티브—가족의 구조가 자아의 구성에서 무슨 역할을 하는지를 설명하겠다고 주장하는 내러티브—가 등장했다. 페미니즘 내러티브였다. 치료학과 2기 페미니즘에서 공히 가족은 자아의 병리를 이해하는 데 필요한 근원적인 비유이자 자기변화가 일어나는 일차적 거점이다. 1946년에 국민정신건강법National Mental Health Act이 통과되었다.[55] 그때까지 심리학자들의 업무는 군대, 기업, 중증 정신질환자에 국한돼 있었다. 그런데 1946년 법안이 통과되자 심리학자들의 관할구역은 일

[55] Ibid.

반 시민들의 정신건강까지 포함하게 되었으며, 이로써 하나의 전문직으로서 막강한 권력을 누리게 되었다. 엘튼 마요가 기업에서의 효율성과 사회적 화합을 증진시키고자 했다면, 새롭게 등장한 심리학자들은 (자칭 정신을 고치는 의사로서) 가족 간의 화합을 증진시킨다고 주장했다. 행복하게 살기 위해 노력하는 평범한 중간계급 성원들이 심리학이라는 전문직의 시야에 들어오게 됐다. 헬렌 허먼Helen Herman의 기록에 따르면, 지역사회의 정신건강 관련 기관으로부터 새로운 서비스-심리치료 서비스-를 제공 받는 고객층은 과거에 비해서 고학력에 중간계급이었다.[56] 1950년대와 1960년대에는 연방의회가 지역사회 단위의 심리학 및 정신의학psychiatry 서비스 제공에 필요한 인프라 관련 법안들을 의결했고, 심리학의 영향권은 "정상적인" 신경증을 앓고 있는 중간계급 성원들까지 포함하면서 더욱 넓어졌다.[57] 바꾸어 말해서, 심리학자들의 직업적 관심과 고객이 "정상인"으로 급선회했으며, 이는 한편으로는 치료 서비스 시장이 확대되는 결과를 낳았고, 다른 한편으로는 치료 서비스 소비 집단의 사회적 정체성이 변화되는 결과를 낳았다. 1960년대에 이르면 심리학은 완전히 제도화되어 미국 대중문화의 본질적인 측면으로 자리 잡게 된다.

    1960년대에 심리학이 완전히 제도화된 것과 똑같은 정도로, 1970년대에는 페미니즘이 완전히 제도화되었다(이런 맥락에서 페미

---

[56]   Ibid.
[57]   Ibid.

니즘은 심리학의 거울 이미지다). 1970년대 중반에 이르자 페미니스트 조직들 사이에 광범위한 네트워크가 마련되었다. 예를 들면 "여성 전문 클리닉, 신용협동조합, 성폭력 상담소, 서점, 신문, 출판사, 선수협회" 등이 존재했다.[58] 대학에서는 여성학과가 만들어졌다. 아카데미 여성학은, 한편으로는 이미 제도화된 실천으로 자리 잡혀 있던 페미니즘에 더욱 힘을 실어주었으며, 다른 한편으로는 대학 안팎에서 행해지던 갖가지 제도적 실천들을 통솔했다.[59]

심리학과 페미니즘의 관계를 규명하려 했던 많은 연구자들은 심리학과 페미니즘 사이의 적대의 역사에 주목해왔다. 그러나 심리학과 페미니즘 사이에서 유사성을 찾는 일은 차이점을 찾는 일만큼이나 쉽다. 20세기 이후, 페미니즘과 심리학은 결국 문화 동맹군으로 밝혀졌다. 한편으로 여성들이 치료면담의 주요 소비자가 됐고, 그러다 보니 치료학이 점점 페미니즘과 똑같은 도식들―다시 말해 여성의 경험에서 비롯되는 사고의 기본 범주들―에 의존하게 됐다. 다른 한편으로, 페미니즘 쪽에서도 자연스럽게 치료 내러티브와 비슷해졌다. 제2기 페미니즘이 가족 그리고 섹슈얼리티의 영역 안에 깊이 자리 잡으면서, 제2기 페미니즘의 해방 내러티브 역시 가족 그리고 섹슈얼리티의 영역 안에 놓이게 되었기 때문이다. 도식은 서로 다른 경

---

[58] Schulman, Bruce, 2001, *The Seventies: The Great Shift in American Culture, Society and Politics*, New York: Free Press, p. 171.
[59] 1970년에 미국 대학에서 여성을 다루는 과목은 20개 미만이었는데, 20년 후에는 학부 과정에서만 2만 개 이상 개설되었다. Ibid, p. 172.

험 영역 또는 서로 다른 제도 영역 사이를 넘나드는 것이 가능하다. 페미니즘과 심리학이 서로의 도식을 차용할 수 있었던 것은 그 때문이다. 예를 들면 심리학과 페미니즘은 둘 다 (여성 의식의 특징이었던) 반영성reflexivity에 호소했다. 예술사 연구자 존 버거John Berger가 주장한 것처럼, 여성은 "**관찰의 주체**인 동시에 **관찰의 대상**"인데, 이 두 가지 요소는 "여성의 정체성을 구성하되 영원히 하나가 될 수 없는 방식으로 구성한다."[60] 요컨대 페미니즘과 치료는 공히 여성들이 관찰의 주체인 동시에 관찰의 대상이 되기를 요구했다. 다른 예를 들어 보자. 페미니즘과 마찬가지로 치료 담론은, 여성에게 서로 모순되는 두 가지 종류의 가치─곧 보살핌과 양육 쪽의 가치와 자율과 자립 쪽의 가치─를 종합할 수 있다는 믿음을 심어주었다. 실제로 자립과 양육은 페미니즘과 치료학의 양대 테마였다(곧 페미니즘과 치료학에서는 독립과 양육을 적절하게 종합할 때 감정적 건강과 정치적 해방이 이루어진다고 보았다). 이제 가장 중요한 마지막 예를 보자. 페미니즘과 치료학은 사적인 경험을 공적인 언어로 만든다는 개념을 공유했고, 사적인 경험을 공적인 언어로 만드는 실천을 공유했다. 페미니즘과 치료학에서 말하는 공적인 언어란, 첫째, 청중이 존재하는 언어, 청중을 겨냥하는 언어를 뜻했고, 둘째, 규범과 가치를 논하는 언어, 특수한 내용이 아닌 일반적인 내용을 다루는 언어를 뜻했다. 사적인 언어를 공적인 언어로 전환하는 과정을 보여주는 명백한 사례

---

[60] Berger, John, 1972, *Ways of Seeing*, London: British Broadcasting Corporation, pp. 46~47.

로 (풀뿌리 형태의 제2기 페미니즘에서 매우 중요했던) 의식화 모임 consciousness-raising group을 들 수 있다.

치료 내러티브는 페미니즘 운동에 매우 깊이 스며들어 있다. 이를 보여주는 예는 많이 있다. 우선, 관록 있는 페미니즘 활동가이자 『미즈』Ms.라는 잡지의 편집자로 일했던 글로리아 슈타이넘Gloria Steinem은 1992년에 『안으로부터의 혁명』Revolution from Within이라는 자서전을 냈는데, 여기서 그녀는 심리적인 장애물이 상층계급 여성과 하층계급 여성에게 똑같이 영향을 미친다는 주장과, 자존감이 낮은 것이 여성들의 가장 큰 골칫거리라는 주장을 내놓았다.[61] 최근의 예로는, 반전 활동가 겸 페미니스트 활동가 제인 폰다 Jane Fonda의 자서전을 들 수 있다. 여기서 그녀는 냉정한 아버지―딸을 많이 안아주지 않았다는 헨리 폰다―의 소모적인 영향에서 벗어나기 위해, 그리고 세 번의 잘못된 결혼―세 번에 걸쳐서 사랑 없는 남편을 선택한 일―에서 벗어나기 위해 페미니즘의 유행어와 치료학의 유행어를 함께 사용하고 있다. 그녀의 진정한 목소리를 찾는 것은 감정적 행위이자 정치적 행위가 된다.[62]

치료학과 페미니즘은 서로에게 영향을 끼쳐왔다. 이는 감정적·

[61] "여자들은 물론 남자들과 이야기를 나눌수록, 남자나 여자나 불완전함, 공허함, 자기불신, 자기혐오 등의 내적인 느낌을 똑같이 느끼고 있다는 인상을 받는다. 남자와 여자가 이와 같은 느낌을 문화적으로 상반되는 방식으로 표현한다고 해도 마찬가지다." Steinem, Gloria, 1992, *The Revolution from Within: A Book of Self-Esteem*, Boston, MA: Little, Brown & Company 중에서.

[62] Fonda, Jane, 2005, *My Life So Far*, New York: Random House.

성적 친밀성의 문화 모델에서 가장 눈에 띈다. 이 모델의 배경에는 성치료sexual therapy 분야의 출현이 있는데, 이 분야는 유명한 킨제이 보고서, 그리고 그 뒤를 잇는 매스터스Masters와 존슨Johnson의 섹슈얼리티 연구와 관계가 있다.[63] 친밀성 개념이 심리학 담론과 페미니즘을 결합했던 것은 해방된 섹슈얼리티가 정서적 건강과 정치적 해방의 이중 진술이기 때문이었다. 이 새로운 친밀성의 문화 모델은 새로운 영화 공식에서도 발견되었다. 관계 붕괴에 초점을 맞추는 이러한 공식의 결말에서 여성 인물들은 흔히 "자유"와 섹슈얼리티를 찾게 된다. 우디 앨런Woody Allen은 〈애니홀〉, 〈또 다른 여인〉, 〈맨해튼〉, 〈앨리스〉 같은 영화에서 이 공식을 하나의 장르로 완성했다.[64]

이 새로운 친밀성 모델이 무엇으로 이루어져 있는가를 보여주는 사례로서, 매스터스와 존슨의 『쾌락 결속』Pleasure Bond을 살펴보자. 1974년에 나온 이 책은 남자의 섹슈얼리티와 여자의 섹슈얼리티에 관한 두 연구자의 연구 성과들을 재가공·대중화한 책이라고 할 수 있다.[65] 매스터스와 존슨이 보기에, 친밀성으로 가는 첫 단계는 내 감정과 내 생각을 아는 것이다.

---

[63] D'Emilio, John & Estelle B. Freedman, 1988, *Intimate Matters: A History of Sexuality in America*, New York: Harper & Row 참고.

[64] Shumway, R., 2003, *Modern Love: Romance, Intimacy, and the Marriage Crisis*, New York: New York University Press 참고.

[65] Masters, William H. & Virginia E. Johnson과 Robert J. Levin의 공동연구, 1974, *The Pleasure Bond: A New Look at Sexuality and Commitment*, Boston: Little, Brown & Company.

일단 내가 내 생각과 내 감정을 알게 되면, 내 파트너에게도 알게 해야 한다. 두렵다면, 두렵다고 말을 해야 한다. 파트너와 함께라면, 내가 무엇을 두려워하는지, 왜 두려워하는지 알아낼 수 있다. 파트너의 도움으로 두려움을 점차 극복하는 방법들을 찾아낼 수 있을지도 모른다. 이런 방식으로 계속하다 보면, 어느새 내 행동은 감정에 상반된 행동이 아닌 감정을 따르는 행동이 된다.[66]

"진짜 자아"에 대한 19세기의 생각은 현대의 생각과 중대한 차이가 있었다(매스터스와 존슨이 제시한 친밀성 개념만 보아도 이러한 차이를 분명하게 알 수 있다). 곧 빅토리아 시대에는 진짜 자아를 찾고 표현하는 것이 별 문제가 아니었다. 진짜 자아가 어떤 존재인가는 처음부터 정해져 있었다. 자기소개는 믿을 만한 다른 사람에게 맡길 수도 있는 일이었다.[67] 반면에 새로운 심리학의 구상 속에서 진짜 자아는 자기 자신에게 불투명한 존재가 되었고, 이로써 여러 가지 문제들을 제기했다. 일단 진짜 자아는 나에게 두려움, 수치심, 죄의식 같은 온갖 감정들을 극복할 것을 요구했다. 이런 감정들은 많은 경우 나 자신에게도 드러나지 않는 감정, 언어사용에서의 새로운 기술을 요구하는 감정이었다. 하지만 이런 감정들을 표현하고 "발굴"하는 궁

---

66   Ibid., pp. 24~25.
67   Rothman, Ellen, 1984, *Hands and Hearts: A History of Courtship in America*, New York: Basic Books; Lystra, Karen, 1989, *Searching the Heart: Women, Men, and Romantic Love in Nineteenth-Century America*, New York: Oxford University Press.

극의 이유는, 친밀한 관계가 근본적으로 평등한 관계여야 하기 때문이었다. 친밀성의 경험이 심리적 사안이자 정치적 사안이었던 이유 또한 친밀성의 경험에서 쌍방의 관계가 평등한 관계여야 하기 때문이었다. 친밀한 관계는 평등한 관계여야 한다는 생각은 두 가지 방식으로 나타났다. 첫째로 남성들은 자신의 내적 자아와 감정에 좀더 관심을 가지도록 독려되었으며, 이로써 여자들과 비슷해져갔다. 예를 들어, 1974년에 나온 『해방된 인간』Liberated Man에서 워런 패럴Warren Farrell은 전통적인 남성 가치들에 토대를 둔 체제가 야기한 파괴적인 영향들을 맹렬하게 비난했다. 여기서 패럴이 사용하는 언어는 전적으로 치료언어이다. 패럴의 주장에 따르면, 남자는 소리 내어 울거나 자기의 감정을 내보이는 것, 곧 "나약함, 감정이입, 의심"을 드러내는 것을 금지당해왔다.[68] 패럴은 남자에게 자기의 내면을 들여다볼 것, 자신의 진짜 자아와 만날 것, 자기 자아됨의 모든 측면들을 표현할 것을 요구했다.

친밀한 관계가 평등한 관계여야 한다는 새로운 생각은 여성들에 대해서도 나타났다. 곧 친밀성이 평등이라는 새로운 기준으로 정의됨에 따라, 여성의 섹슈얼리티에 대한 새로운 정의들이 나왔다. 매스터스나 존슨이 페미니스트를 자처한 것은 아니었지만, 섹슈얼리티를 설명하기 위해 당시 페미니즘 운동을 특징짓던 해방과 평등의 언어를 사용했던 것이 사실이다. 예를 들어 "뭇 남녀들은 다음과 같은 사

---

[68] Schulman, *The Seventies*, p. 181에서 인용.

실을 알아야 한다. 곧 남녀가 함께 원하는 쾌락을 얻기 위한 가장 효과적인 섹스는 남자가 여자에게 하는 어떤 일, 남자가 여자를 위해서 해주는 어떤 일이 아니라, 남자와 여자가 **평등한 존재**로 함께 해나가는 어떤 일이다. 이 점을 깨닫기 전까지는 원하는 쾌락을 얻을 수 없다."[69]

요컨대 성적 쾌락은 공정하고 평등한 관계에 입각해 있었다. 곧 치료학적 친밀성은 권리의 언어를 동원했고, 바람직한 섹스를 상대방의 권리에 대한 승인과 동일시했다. 이와 같은 성적 쾌락의 이상은 남녀의 차이를 흐리는 결과를 낳았다. "〔버지니아 존슨:〕 요새는 남자와 여자의 차이점을 지적하는 것이 유행이죠. 그건 나도 알아요. 하지만 우리가 이 일을 시작할 때부터 놀라웠던 점은 남자와 여자가 다르다는 것이 아니라 남자와 여자가 비슷하다는 점이었어요. 이 말은 꼭 하고 싶네요."[70] 친밀성의 이상이 자리 잡아감에 따라, 여성들은 남녀가 평등한 존재라는 주장과 함께 남녀가 비슷한 존재라는 주장을 펼쳤다.

친밀성의 문화 모델에는 20세기에 여성적 자아를 구성한 두 가지 (곧 심리학과 자유주의 페미니즘이라는 문화 설득 담론)의 핵심 동기들과 상징들이 포함되어 있다. 곧 근대적 친밀성의 이상은 평등, 공정, 중립적 절차, 감정 소통, 섹슈얼리티, 감춰진 감정의 극복과 표현, 언어적 자기표현의 중시 등을 핵심으로 하고 있다. 기업에서 치

---

[69] Ibid., p. 84.
[70] Masters & Johnson과 Levin의 공동연구, *The Pleasure Bonds*, p. 36.

료언어가 여성적 자아 개념들을 가지고 남성성을 재배치하기 시작했다면, 가정에서 치료언어는 여성들로 하여금 자율적·자제적 (남성) 주체의 지위를 요구해야 한다고 부추겼다. 기업에서 심리학자들이 생산성을 감정의 문제로 만들었다면, 친밀성의 영역에서 심리학자들은 쾌락과 섹슈얼리티를 공정한 절차가 실행되고 여성 기본권이 인정·보호된 후에야 비로소 다뤄질 수 있는 문제로 만들었다. 좀더 정확히 말해서, 심리학자들은 "감정 건강"이나 "건강한 관계" 같은 개념을 들여옴으로써 친밀한 관계에 길게 드리워져 있던 권력과 불균형의 그림자를 말끔히 걷어내고자 했다. 이런 방식으로, 친밀성―혹은 건강한 관계 일반―은 "공정한 교환"의 문제, 그리고 즉각적인 정서성을 도구적인 자기주장과 화해시키는 문제에 시달리게 됐다.

지금까지는 내 분석이 기든스Anthony Giddens 등의 분석―친밀성 속에서 평등과 해방으로 향하는 움직임을 보는 분석―과 비슷해 보일 수도 있다.[71] 그러나 여러모로 볼 때 기든스의 분석은, 친밀성의 변화상을 설명하겠다고 하면서도 친밀한 관계란 평등한 관계여야 한다는 심리학의 신조에 공명할 뿐 친밀성이 어떻게 변화했는지를 밝히지 못했다. 나는 사회학자로서 베버의 전통에 따른다. 베버의 전통은 우리에게 사회의 변화를 평가함에 있어 자유와 평등을 성취했느냐의 여부를 궁극적 기준으로 삼아서는 안 된다는 점을 가르쳐준다.

---

[71] Giddens, Anthony, 1992, *The Transformation of Intimacy: Sexuality, Love, and Eroticism in Modern Societies*, Cambridge: Polity.

오히려 평등이나 자유 같은 새로운 규범들이 친밀한 관계의 "감정적 질감"을 변화시켜왔다. 우리는 바로 이 변화의 방식들을 탐구해야 한다. 내가 밝히고자 하는 것은 바로 이 변화의 방식 중 하나이다. 곧 치료학과 페미니즘은 서로 얽히면서 친밀한 관계의 합리화를 야기했고, 이 과정은 지금까지 계속되고 있다. 페미니즘과 심리치료psychotherapy는 자아의 변화를 가져올 수 있는 온갖 심리적, 육체적, 감정적 전략들을 가르쳤고, 페미니즘과 심리치료에서 말하는 정신psyche은 사적 영역에서의 여성들의 행동에 대한 "합리화"를 함축하게 됐다.

이 말이 무슨 뜻인지 아주 간단하게 설명하기 위해 두 가지 예를 들겠다. 둘 다 1980년대 이후 지금까지 친밀성에 관한 실용서의 전형을 보여주고 있다. 첫번째 예는 『레드북』Redbook이라는 잡지에 실렸던 기사 한 편이다. 기사의 필자는 베셀 박사라는 심리학자의 책에 대해 설명하면서 박사가 개발한 질문지를 소개한다. 질문지를 작성함으로써 "얼마나 잘 어울리는 부부인지, 얼마나 로맨틱한 결혼인지 평가할 수 있다.「로맨틱한 매력을 묻는 질문지」, 곧 RAQ를 통해서 박사는 부부가 어울리는 정도를 예측할 수 있다 〔······〕 RAQ의 최고점은 220점에서 300점 사이인데, 이는 로맨틱한 매력이 아주 높은 수준이라 충분히 관계를 유지할 수 있음을 뜻한다." [72]

두번째 예는 다음과 같다.

---

[72] Crain, Mary Beth, "The Marriage Check Up," Redbook(날짜미상), p. 88.

그러나 프랭키가 쉴라에게 자신의 욕망이 무엇인지 알려주지 않는다면, 쉴라가 어떻게 프랭키의 욕망을 채워줄 수 있겠는가? 또 부부는 언제나 자기가 정확히 어떻게 사랑받고 싶은지를 서로에게 알려줘야 한다. 아래의 연습문제는 그러한 대화에 도움을 줄 것이다.

1. 아래의 빈칸에 들어갈 말들을 종이에 적어라. 가능한 한 다양한 말을 적어라. 답안은 분명하게, 구체적으로, 긍정형으로 작성하라.

    * 남편/아내의 말이나 행동 가운데 내가 사랑받고 있음을 느끼게 해주는 것들을 적어라. "당신이 _____ 할 때 나는 내가 당신에게 사랑받고 있다고 느낀다."

    * 처음 데이트할 때를 회상하라. "남편/아내가 그때 했던 말이나 행동 가운데 지금 하지 않는 것"은 무엇인가? "당신이 _____ 했을 때 나는 내가 당신에게 사랑받고 있다고 느꼈다."

    * 남편/아내에게 항상 바랐지만 해달라고 하지 못했던 것들을 모두 떠올려라. "만약에 당신이 _____ 해준다면, 나는 내가 당신에게 사랑받고 있다고 느낄 텐데."

2. 작성한 답안을 다시 읽어보고, 각각의 문장 옆에 중요하게 생각되는 정도에 따라서 번호를 매겨라.

3. 작성한 답안을 남편/아내가 듣도록 읽어라. 남편/아내가 당장은 못 해주겠다고 하는 문장 옆에 X표를 하라.

4. 남편/아내가 읽어주는 답안을 들은 후, 당장은 못 해주겠는 것을 표시하라.

5. 질문지를 교환하라. 남편/아내가 나에게 원하는 것들 중에 3일 후에 들어줄 수 있는 것을 골라라.

남편/아내의 목록을 가지고 다녀라. 남편/아내가 바라는 것들 중에 매주 세 가지를 골라 해주도록 하라. 특히 처음에 들었을 때 어렵다고 느꼈던 것들을 해주도록 노력하라. 어려운 것일수록 해주고 났을 때의 기분이 더 좋다. 많은 부부들이 실제로 밝히는 바와 같이, 처음에는 가장 어렵다고 생각했던 것이 나중에는 가장 즐겨 해주는 것이 된다.[73]

내가 이런 연습문제들을 진지한 분석의 대상으로 삼는 것은 사실이다. 하지만 그렇다고 해서 자기계발서의 독자들이 이런 글을 무차별적으로 받아들일 것이라고 가정하거나 추측하는 것은 아니다. 또

---

[73] Hendrix, Harville, 1985, "Work at Your Marriage: A Workbook," *Redbook*, October, p. 130.

그럼에도 불구하고 이런 글에 의의가 없는 것도 아니다. 이런 글은 친밀한 관계 속에 있는 자아의 행동이 문화적으로 얼마나 중요한 변화를 겪어왔는지를 암시하기 때문이다. 내가 밝히고자 하는 것이 바로 이것이다. 곧 이런 글에 암시되어 있는 친밀한 관계의 합리화 과정은, 한편으로는 부부관계에서 평등주의 규범들이 발생한 결과이며, 다른 한편으로는 심리학의 방법론 및 어휘들이 친밀성에 대한 논의에서 중요한 역할을 담당한 결과이다.

합리화는 다섯 가지 요소들로 구성되어 있다.[74] 첫째, 의도적으로 수단을 사용하고, 둘째, 좀더 효과적인 수단을 사용하고, 셋째, 합리적 근거에 따라서 (곧 지식과 교육을 근거로) 선택하고, 넷째, 일반적인 가치 원리들을 인생의 지침으로 삼으며, 다섯째, 앞의 네 요소를 결합하여 합리적인 라이프스타일을 구축한다. 하지만 합리화는 이와 함께 또 하나의 중요한 의미를 갖는다. 곧 합리화는 일상 생활의 "지성화"intellectualization를 야기하는 공식적 지식 체계의 확장 과정이다.

앞의 연습문제에서 발견되는 놀라운 점이 바로 이것이다. 곧 앞의 연습문제들은 인성의 **가치합리화**를 요구 내지 함축하고 있다. **가치합리화**Wertrationalität란 내가 갖고 있는 가치들과 생각들을 명료하게 하는 과정이요, 내가 세운 목표들이 기성 가치들을 따르게 만드는 과

---

[74] 그러나 베버의 분석에 포함되어 있는 불가항력의 분위기에도 불구하고, 합리화가 단선적 과정이 아니라 긴장과 모순으로 가득한 과정임을 강조하는 것은 중요하다. 이를 적절히 밝힌 연구는 Johannes Weiss, "On the Irreversibility of Western Rationalization and Max Weber's Alleged Fatalism," in Lash & Whimster, *Max Weber*, pp. 154~163.

정이다. 나는 무엇을 원하는가? 나의 취향은 무엇이며 나의 인성은 어떠한가? 나는 모험적인 사람인가 아니면 안정이 필요한 사람인가? 나는 나를 부양해줄 배우자를 원하는가 아니면 정치문제를 함께 토론할 수 있는 배우자를 원하는가? 자기계발서는 바로 이런 질문들에 묶여 있다. 페미니즘과 치료학 때문이다. 페미니즘과 치료학은 여성에게 자기의 가치와 취향을 명료하게 할 것과 이러한 가치와 취향을 충족시키는 관계를 맺을 것을 명령했다. 이런 명령들의 궁극적 목표는 여성의 자율적·자립적 자기주장이었다. 이러한 가치합리화 과정이 순조롭게 진행되기 위해서는 먼저 여성들이 자기를 신중한 검토의 대상으로 삼고, 자기 감정들을 관리하고, 여러 선택들을 비교하고, 자기 취향에 맞는 행동을 선택해야 한다.

베버에 따르면 합리화란 계산 테크닉의 심화발전이었다. 실제로 앞에서 인용한 두 예는 친밀한 생활과 친밀한 감정이 계산할 수 있는 사물로 변형되어 계량적 진술로 표현되는 양상을 보여준다. "남편이 다른 여자들에 관심을 갖는 것 같으면 불안한가"라는 질문지를 받았을 때, 10이라고 대답한 사람과 2라고 대답한 사람의 자기이해와 교정전략은 분명히 다를 것이다. 이런 식의 심리검사에서 사용되는 문화인지cultural cognition는 특히 현대적인 것으로서, 사회학자 웬디 에스펠런드Wendy Espeland와 미첼 스티븐스Mitchell Stevens는 이를 "통약"commensuration이라고 불렀다. 에스펠런드와 스티븐스의 정의에 따르면, "통약이란 숫자를 사용해 사물들 간의 관계를 창출하는 과정이다. 통약은 질적인 차이를 양적인 차이로 바꾼다. 여기서는 차이가 (하나의 기준으로 측정된) 수량으로 표현된다."[75] 심리학과 페미니즘의 비호 아래, 친밀한 관계는 (하나의 기준으로 계량되는) 사물이 되었다(단 심리학에서 이 기준은 학자들과 학파들에 따라 다양하다).

앞에서 인용한 두 예에서 또 한 가지 눈에 띄는 것은 텍스트성과 감정 경험이 뒤얽히는 양상이다. 중세 연구자 브라이언 스톡Brian Stock의 표현을 빌리면, 텍스트성은 감정 경험의 중요한 수식어가 되었다.[76] 감정을 "글로 쓰는 것"은 감정을 공간에 "고정"하는 것이다. 어떤 감정을 경험하는 것과 내가 그 감정을 알게 되는 것 사이에 거리가 생기기 때문이다. 입말이 글말로 옮겨지면, 말은 (귀로 듣는 대신) 눈으로 "볼" 수 있게 되고, 언어 행위에서 분리되어 탈맥락화된다. 마찬가지로, 여성들은 앞의 연습문제들을 통해 감정을 원래 맥락에서 분리하여 탈맥락화하게 되고, 그렇게 분리된 감정에 대해서 생각하고 논의하게 된다. 감정을 명명하고 이로써 감정을 조절하는 반성적 행위는 감정의 존재론을 낳는다. 곧 감정을 반성하는 행위에 의해서 감정은 현실 속에 고정되고 감정을 느끼는 사람의 자아의 내면에 고정된다. 감정이란 본디 순간적·일시적·맥락적인 것이라고 할 때, 감정에 대한 반성은 감정의 본질에 어긋나는 행위라고 말할 수도 있다.

---

[75] Espeland, Wendy N., 2001, "Commensuration and Cognition," in Karen Cerulo (ed.), *Culture in Mind*, New York: Routledge. p. 64.
[76] "나는 담론의 부속물로 간주되는 텍스트와 인간의 행위가 어느 지점에서 상호 침투하는지를 구체적으로 설명하고자 한다." Stock, Brian, 1990, *Listening for the Text: On the Uses of the Past*, Baltimore & London: Johns Hopkins University Press, pp. 104~105.

실제로 글말은 언어와 사유를 탈맥락화시키며 입말의 규칙을 입말의 행위와 분리한다.[77] (이런 식의 분리의 전형적인 예가 문법이다.) 글말로 고정된 감정은 관찰과 조작의 대상으로 변한다. 감정을 글말로 옮긴다는 것은 경험의 무반성적 흐름에서 떼어내는 것이요, 감정적 경험을 감정적 언술로 바꾸고 관찰하고 조작할 수 있는 사물로 바꾸는 것이다. 월터 옹Walter Ong은 인쇄술이 서양의 사유에 미친 영향을 다룬 저서에서 글말의 이데올로기가 "순수한 텍스트" 개념—텍스트의 존재론을 논할 수 있다는 생각, 텍스트 자체의 의미를 저자가 의도한 의미 내지 맥락적 의미와 분리할 수 있다는 생각—을 낳았다고 주장한다. 마찬가지로, 감정을 글말로 고정하게 되면 "순수한 감정" 개념—각각의 감정이 저마다 별개의 실체라는 생각, 감정이 머무는 장소가 자아라는 생각, 감정이란 텍스트에 기록될 수 있고 고정된 대상으로 파악될 수 있다는 생각, 감정을 자아와 분리시켜 관찰·조작·조절하는 것도 가능하다는 생각—이 생긴다.

지금까지 나는 감정 조절, 가치와 목표의 명료화, 계산 테크닉의 사용, 감정의 탈맥락화 및 객관화에 대해 설명했다. 그런데 이 모든 것에 수반되는 것이 바로 친밀한 결속의 **지식화**intellectualization다. 그리고 이러한 지성화는 좀더 광범위한 도덕적 목표를 지향한다. 나의 욕구와 감정과 목표를 냉정한 언어적 소통 앞에 제출함으로써 평등

---

[77] Goody, J. & I. Watt, 1968, "The Consequences of Literacy," in Jack Goody (ed.), *Literacy in Traditional Societies*, Cambridge: Cambridge University Press, pp. 27~68.

과 공정한 교환을 창출하는 것이 바로 지성화의 목표이다. 회사에서와 마찬가지로 친밀한 관계에서도, 소통은 이미 있는 관계를 설명하는 모델이자 있어야 할 관계를 처방하는 모델이다. 성적 취향의 차이, 분노, 금전 다툼, 불평등한 가사분담, 인성의 차이, 은밀한 감정들, 아동기에 겪은 일들—이 모든 것은 부부가 이해하고 말로 표현하고 토론하고 소통하고 소통 모델에 따라 해결해야 하는 대상이다. 『레드북』의 한 기사에 나오는 표현을 빌리면, "소통은 모든 관계에서 원동력이 된다. 특히 애정관계가 발전하려면 소통이 꼭 필요하다."[78]

소통 강습회나 소통 지침서에서 내놓는 무수한 "연습문제"에서 목표로 삼는 것은, 부부 간의 은밀한 가정들과 기대들을 분명하게 밝히는 것, 부부 간의 언어 패턴을 알아내는 것, 이러한 언어 패턴이 어떻게 오해와 소외를 야기하는지를 이해하는 것, 청자에게 필요한 기술을 가르치는 것, 그리고 (이것이 가장 중요한 점일 텐데) 중립적 언어 패턴을 사용함으로써 부정적 감정을 차단하는 것이다. 위에서 언급한 부부 간 소통의 테크닉이 목표로 삼는 것은 부부가 주고받는 말을 (감정적으로 그리고 언어적으로) 중립적 언어로 만드는 것이다. 부부는 살아온 내력과 인성에서 차이를 보일 수밖에 없는데, 치료학이라는 설득 담론은 부부가 객관적 의미의 중립적 근거에 도달할 수 있다고 주장한다(여기서 말하는 근거는 감정적인 근거이자 언어적인

---

[78] Branden, Nathaniel, 1985, "If You Could Hear What I Cannot Say: The Husband/Wife Communication Workshop," *Redbook*, April, p. 94.

근거이다). 예를 들어보자.

이러한 테크닉〔저자가 말하는 이른바 베수비우스 테크닉〕을 사용하게 되면 내 분노가 폭발할 시점을 미리 알 수 있다. 분노를 의례화ritualization하게 되면, 내 체계에서 분노를 몰아내는 일에 집중할 수 있다. 내 남편/아내가 맡게 되는 역할은 목격자의 역할에 한정된다. 내가 분노를 표출할 때, 내 남편/아내는 마치 자기와 무관한 불가항력적인 자연현상을 바라보듯 삼가 바라볼 뿐이다. 분노가 치밀어 오를 때는 이렇게 말한다. "나 폭발하기 일보 직전이야. 2분 동안 내 말 좀 들어줄래?" 시간은 의논해서 정하면 되는데, 2분이 의외로 양쪽 모두에게 아주 길게 느껴질 수 있다. 시간을 정한 후, 내 남편/아내가 할 일은 마치 화산이 폭발하는 장면을 바라보듯 삼가 들어주는 것, 그리고 시간이 다 되면 알려주는 것이다.[79]

이런 테크닉은 부정적인 감정들을 일단 자아 속에 가둬놓았다가 자아의 외부에 존재하는 대상으로 만들라고 가르친다. 자기의 감정을 바깥에서 관찰해보라는 것이다. 이런 가르침 — 중립적인 표출의 절차를 통해 감정을 조절하라는 가르침 — 은 사실 소통과 치료학 에토스의 핵심이다. 다음 예를 보자.

[79] Gordon, Lori H. & Jon Frandsen Jon, 1993, *Passage to Intimacy: Key Concepts and Skills from the Pairs Program Which Has Helped Thousands of Couples Rekindle Their Love*, New York: Simon & Schuster, p. 114.

"의미공유 테크닉〔친밀한 관계를 발전시키기 위한 테크닉〕을 통해 상대방이 하는 말의 의미를 공유할 수 있고, 내가 듣는 말과 상대방이 하는 말이 일치하는지를 확인할 수 있다. 내가 듣는 말이 상대방이 하는 말과 일치하지 않을 때가 많다."[80] 후기구조주의의 통찰에 따르면, 의미는 의도와 다르고, 미결 상태에 있고, 감정으로 인해 굴절된다. 그런데 치료학적 소통 테크닉은 애매성을 친밀성의 가장 큰 적으로 단정한다. 치료학적 소통 테크닉에 따르면, 일상 언어를 쓸 때 불분명하고 양가적인 진술들과 부정적인 감정에서 비롯될 수 있는 굴절들을 배제해야 하며, 소통을 소통된 언어의 명시적 의미denotation로 한정해야 한다. 그러다 보니 치료학적 소통 테크닉은 역설적 특징을 띠게 된다. 곧 치료학이라는 설득 담론은, 한편으로는 내 욕구들과 감정들을 인식할 수 있게 하는 온갖 테크닉을 제공하면서, 다른 한편으로는 감정을 주체의 외부에 존재하는 대상(주체가 관찰하고 조절하는 대상)으로 만든다. 요컨대 감정이 교환될 때 사용되는 언어는 중립적인 동시에 매우 주관적이다. 내게 어떤 말이 주어질 때, 나는 그 말의 객관적·명시적 내용에 주목하는 것으로 되어 있고, 그 과정에 끼어들 수 있는 주관적 오해와 감정을 중화하기 위해 노력하는 것으로 되어 있다. 중립적이라는 것은 그 때문이다. 그러나 다른 한편으로, 바라는 바를 표출하거나 욕구나 감정을 경험하는 것의 명분은 결국 나 자신의 주관적 욕구와 감정에 근거하기 마련이다. 이

---

[80] Ibid, p. 91.

런 감정들을 "승인"받고 인정받기 위해 필요한 명분은 주체가 그것을 느꼈다는 사실이면 충분하다. 상대방을 "인정"한다는 것은 상대방이 그렇게 느끼는 근거를 그냥 받아들인다는 의미이다. 주관적이라는 것은 그 때문이다.

한마디로, 혼돈이 친밀성의 조직원리라는 말은 내가 보기에는 피상적인 주장일 뿐이다.[81] 오히려 페미니즘과 치료학은 중간계급 여성들을 전통적 가족 배치의 굴레에서 해방시켰다고 자처하는 문화구성체들로서 친밀한 관계를 합리화하는 데 일조했다. 다시 말해 페미니즘과 치료학은 친밀한 관계를 강도 높은 자기반성 및 절충의 작업을 전제하는 중립적인 검토와 논증의 절차 속에서 파악되도록 만들었다. 이러한 감정적 결속의 합리화로부터 "감정의 존재론"—감정이 주체에서 분리될 수 있고, 이로써 통제될 수 있고 명료화될 수 있다는 생각—이 생겨났다. 이러한 감정의 존재론으로 인해 친밀한 관계는 통약적 관계, 곧 몰개성화 depersonalization 되기 쉬운 관계, 특수성을 잃고 추상적 기준에 따라서 평가되기 쉬운 관계가 되었다. 이는 관계라는 것이 상호 비교 및 비용편익이 가능한 인지 대상으로 변했음을 암시한다. "통약을 통해서 결정을 내린다는 것은, 가치가 여러 결정 요소들의 맞교환에 의거하게 된다는 뜻이다."[82] 친밀한 관계가 통약의 과정을 거치면 대체물, 곧 다른 것과 교환될 수 있는 물건이 된다는

---

81   Beck, U. & E. Beck-Gernsheim, 1995, *The Normal Chaos of Love*, Cambridge: Polity.

82   Espeland, "Commensuration and Cognition," p. 65.

것이다.

결론

이 대강의 틀에서 몇 가지 결론을 도출할 수 있다고 생각된다. 첫째, 치료학, 경제적 생산성, 페미니즘이라는 문화 설득 담론들이 복잡하게 얽히면서 소통 모델이라는 대단히 유력한 문화 모델이 만들어졌다. 소통 모델이란 감정을 내면생활의 영역에서 추출하고 이렇게 추출된 감정을 자아됨과 사회성의 핵심으로 삼는 설명틀 겸 방법론이자 윤리적 동력이었다. 심리학적 "소통" 모델의 비호하에, 기업과 가정 양쪽에서 감정은 사고의 대상, 표현의 대상, 토의의 대상, 논쟁의 대상, 타협의 대상, 정당화의 대상이 되었다. 공적 영역을 감상적으로 만든 것이 텔레비전과 라디오라는 주장도 있지만, 미시 공적 영역micro public spheres—공적인 시선에 복종하고, 표출의 절차에 따르고, 평등함과 공정함의 가치를 중시하는 행동 영역—에다 감정을 집어넣은 것은 내가 보기에는 치료학—그리고 경제적 책임의 언어와 페미니즘—이었다.

둘째, 20세기를 통틀어 남녀 모두 감정적으로 양성화되는 경향이 커졌다. 이는 자본주의가 서비스 노동자의 감정 자원들을 이용하고 동원했기 때문이고 또 여성이 노동력이 됨에 따라 페미니즘이 여성에게 자율적·자립적 존재가 될 것과 사적 영역에서 자기의 권리를 의식할 것을 요구했기 때문이다. 요컨대 생산 영역이 정서를 사회성 모델의 중심에 놓았다면, 친밀한 관계는 점차 정치적·경제적 협상·교환 모델을 그 중심에 놓게 되었다.

지금까지 내가 논의한 모든 내용에 대해 한 가지 해석을 해볼 수 있다. 심리학적 지식의 해방적 구조, 페미니즘, 직장 민주화의 영향이 뒤섞여, 감정생활이 "인정" 역학의 시야에 들어오게 됐다는 것이 바로 그것이다.(악셀 호네트에 따르면, 인정 역학은 언제나 역사적 맥락에 따라 변한다. 다시 말해 권리의 상태와 권리의 언어에 의해서 구성된다.) 바꾸어 말하면, 노동관계와 결혼관계에 널리 퍼지게 된 소통 모델은 다른 사람들에게 인정받아야 하고 다른 사람들을 인정해야 한다는 새로운 필요를 포함·수행하고 있다.[83] "소통 행위는 (……) 상호이해 지향적인 언어 사용에 의존한다"[84]는 하버마스의 말을 받아들인다면, 부정적 감정의 억제, 감정이입, 자기 주장을 인정의 감정적 전제조건으로 볼 수 있는 이유를 쉽게 알 수 있다. 하지만 이러한 해석이 옳지 않을 수도 있다. 독자들에게도 이러한 해석을 의심해보기를 권한다. 노동 영역과 친밀한 관계의 영역에 널리 퍼져 있는 "소통" 모델은 매우 양가적이다. 곧 소통 모델은 한편으로는 타인과 대화를 시작하는 방법론을 포함하고 있으면서 다른 한편으로는

---

[83] Honneth, "Personal Identity and Disrespect."

[84] Habermas, Jürgen, 2001, "Contributions to a Discourse Theory of Law and Democracy," in S. Seidman & J. Alexander (eds.), *The New Social Theory Reader: Contemporary Debates*, London: Routledge, pp. 30~38.

감정적 대인관계의 영역과 양립할 수 없는 권리의 언어, 경제적 생산성의 언어를 포함하고 있다. 쉽게 말해보자. 감정이란 본디 상황적이고 지표적indexical이다. 곧 감정은 자아가 특정 상호작용에서 어떤 위치에 있는지를 알려주는 지표이며, 자아로 하여금 자기가 특정 상황에서 어디에 그리고 어떻게 위치해 있는지를 이해할 수 있게 해주는 일종의 속기이다. 요컨대 감정은 특정 대상에 대한 암묵적·구체적 문화 지식을 사용함으로써, 그리고 우리가 그 대상을 평가하고 상대할 때 지름길로 가게 함으로써 행동의 방향을 결정한다(이 주제에 대해서는 3장에서 좀더 자세하게 다루겠다). 반면에 가치합리성, 인지적·도구적 합리성, 그리고 "통약" 과정은 (소통 모델의 원활한 수행을 위한 필요조건으로) 관계에서 특수성을 제거함으로써 관계를 일종의 사물로 바꾸는 인지양식을 구성한다. 관계가 사물이 된다는 것은 공정성, 평등/등가equality, 욕구충족 같은 기준으로 평가됨으로써 상품의 운명에 처해질 가능성이 높아진다는 것이다.[85]

지금까지 내가 설명했던 이러한 과정은 강도 높은 주관적 생활과, 감정의 표현 및 교환 수단의 점진적 객관화 사이에 새롭고도 분명한 분할을 낳았다. 한편으로 치료학적 소통은 감정생활에 절차성을 주입하게 되고, 그로 인해 감정은 지표성indexicality—내 일상의 관계망 속에서 어떻게 행동해야 하는지를 신속하게 (자기반성 과정 없이) 알려주는 능력—을 잃게 된다. 감정에 일체의 절차를 주입한다는

---

85   Espeland, "Commensuration and Cognition," p. 83.

것, 감정을 조절한다는 것, 감정 대신 적절하고 표준적인 언어패턴을 들여온다는 것은, 감정이 구체적·개별적 행동 및 관계에서 이탈·유리된다는 뜻을 담고 있다. 역설적인 말이지만, "소통"을 위해서는 먼저 **사회관계에서 감정적 얽힘을 유보**해야 한다. 소통한다는 것은, 구체적·개별적 관계 속에 처해 있는 내 입장에서 빠져나온다는 뜻이요, 나의 자율성 또는 나의 이해력을 주장하며 추상적 화자의 입장을 취한다는 뜻이다. 결국 소통하기란 감정적 결속을 유보하는 일종의 괄호 치기이다. 그러나 다른 한편으로, 이처럼 중립적이고 이성적인 표출의 절차에는 내 느낌의 정당성을 주장하는 매우 주관적인 방법들이 뒤따른다. 내가 느낀 감정에 대해서 최종적 판단을 내리는 사람은 바로 나다. "나는 이러저러하게 느낀다"는 말은, 나에게 그렇게 느낄 권리가 있다는 의미를 함축하고 있을 뿐 아니라, 내가 어떤 감정을 느꼈다는 사실 자체로 인해 남들에게 받아들여지고 인정받을 자격이 생긴다는 의미를 함축하고 있다. 누가 "나는 마음에 상처를 받았다"고 하면, 따지지 말고 그냥 그 상처를 즉시 인정해야 한다. 요컨대 소통 모델은 관계를 양방향에서 잡아당긴다. 한편으로 소통모델은 관계를 감정적 역동(죄의식, 분노, 원한, 수치, 좌절 등의 역동)의 중립화를 겨냥하는 표출의 절차에 종속시킨다. 그러나 다른 한편으로 소통의 모델은 주관주의와 감정주의emotivism를 강화한다. 그래서 우리는 감정이 표현되었다는 사실 자체가 감정을 정당화한다고 생각하게 된다. 이런 소통 모델로 인정에 이르기는 어려울 것이다. 인정이란 나를 압도하는 타자성을 전제하기 때문이다. 주디스 버틀러Judith Butler의 표현을 빌리면, "인정이란 자기상실의 통찰에서 시작된다. 인정받는다는 것은 상대방 속에서 나를 잃는다는 것, 나 자신이자 나 자신이 아닌 어떤 타자 속에서 그리고 그 타자에 의해서 전유된다는 것이다."[86]

오늘날 우리의 사회관계 모델들을 보면 소통의 이상이 무소불위의 지배력을 행사하고 있다. 이는 마이클 실버스타인 Michael Silverstein이 "언어 이데올로기"라 부르는 바로 그것일 수도 있다. 언어 이데올로기란 언어가 이러저러한 역할을 하고 있고 이러저러한 역할을 해야 한다는 일련의 생각들, 곧 "하나의 집단이 성원들의 사회적 경험—집단의 표현에 기여하는 경험—에서 언어가 담당하는 역할과 관련해서 갖고 있는 자명한 개념들과 목표들"[87]을 뜻한다. 그렇다면 모더니티의 언어 이데올로기란 무엇일까? 언어가 우리로 하여금 우리의 사회 환경과 감정 환경을 이해하고 관리하게 해줄 수 있다는 이 특별한 믿음이 아닐까? 바로 이런 믿음이 우리의 정체성을 변화시켰다. 다음 장에서는 이에 대해 살펴보겠다.

---

86 Butler, Judith, 2001, "Can The 'Other' Speak of Philosophy?," in Joan Scott & Debra Keates (eds.), *Schools of Thought: Twenty-Five Years of Interpretive Social Science*, Princeton: Princeton University Press, p. 58.

87 Woolard, Kathryn A., 1998, "Introduction: Language Ideology as a Field of Industry," in Bambi B. Schieffelin, Kathryn A. Woolard & Paul V. Kroskrity (eds.), *Language Ideologies: Practice and Theory*, Oxford: Oxford University Press, p. 4에서 인용.

2 고통, 감정 장, 감정자본

1859년에 새뮤얼 스마일즈Samuel Smiles의 『자기계발』Self-Help이라는 책이 출판되어 광범위한 인기를 누렸다. 빈손으로 시작해서 무명 시절을 거쳐 부와 명예를 거머쥔 남자들의 생애를 소개한 책이었다(자기계발은 남자의 전유물이었으며, 성공 내러티브나 자립 내러티브에는 여자들이 끼어들 여지가 거의 혹은 전혀 없었다). 이 책은 엄청나게 많이 팔렸는데, 그만큼 개인의 책임에 대한 빅토리아 시대의 관념을 강력하게 옹호하는 결과를 낳았다. 19세기의 진보에 대한 신념은 낙관주의와 의지주의를 그 특징으로 했고, 이 책 역시 비슷한 특징을 보였다. 이 책에서 스마일즈는 "개인들의 정력적인 활동에서 자기계발의 정신을 찾았다."[1] 이 책에 따르면, 이 남자들의 생애는 고상한 사고를 불러일으키며, 착실한 노동, 성실성, "진짜 고매하고 남자다운 인격"을 보여주는 모범적 사례다. 스마일즈가 생각하기에 자기계발의 힘이란 자수성가의 힘이었다. 요컨대 자기계발의 이상은 굳건한 민주주의의 함축을 지니고 있었다. 이와 같은 이상을 따른다면, "아무리 미천하다 해도 자수성가하여 훌륭한 능력과 탄탄한 평판을 얻을 수 있다"[2]고 이 책은 말하고 있었다.

그로부터 약 60년 후, 전 세계가 1차대전의 트라우마를 앓고 있을 무렵, 프로이트는 동료 정신분석학자들에게 다음과 같은 전망을 내놓았다. 정신분석학의 앞으로의 과제에 대해서 프로이트가 내놓은

---

[1] Smiles, Samuel, 1882, *Self-Help*, London: John Murray, p. 6.
[2] Ibid., p. 8.

전망은 장대하지만 비관적인 것이었다.

> 이 세상에 신경증으로 고통받는 사람들은 어마어마하게 많다. 신경증의 고통이야말로 불필요한 고통일 것이다. 그러나 우리가 없앨 수 있는 고통의 양은 전체의 고통에 비하면 보잘것없는 양에 불과하다. 게다가 우리도 먹고살아야 하니 우리 일은 부유층에 한정된다. 〔……〕 우리는 극도로 심각한 신경증에 시달리는 광범위한 사회계층에는 조금도 관심을 가지지 않는다.

프로이트는 정신분석학을 민주화할 것을 주장했다. 하지만 가난한 남자가 신경증을 고치려는 의지를 가지고 있는가에 대해 프로이트는 회의적인 태도를 보였다. 가난한 남자는 "병이 낫게 되면 괴로운 생활로 돌아가야 할 뿐인 데다, 병에 걸리게 되면 사회적 원조를 좀더 요구할 수 있다"는 것이었다.[3] 스마일즈는 교육받지 못한 남자, 곧 가난한 남자도 절제와 인내와 정력을 발휘하면 일상 생활의 흔한 고생에서 벗어날 수 있다고 생각한 데 비해, 프로이트는 정신분석학자는 "어마어마하게 많은" 신경증 환자들을 치료할 수 없을 것이고 가난한 남자는 자기 신경증을 고치려 하지 않을 것이라는 심란한 가능성을

---

3 Freud, Sigmund, 1919, "Lines of Advance in Psychoanalytic Therapy," *Standard Edition of the Complete Psychological Works*, vol. 17, London: Hogarth Press, pp. 159~168.

내놓았다(노동자의 사회적 조건이 너무 열악하다 보니 신경증이 없어지면 고통이 악화될 뿐이라는 것이 프로이트의 설명이었다). 스마일즈의 자기계발 에토스에 따르면, 도덕적 의지만 있으면 나의 사회적 위치와 사회적 운명을 개선할 수 있었다. 반면에 프로이트의 비관적인 정신적psychic·사회학적 관점에 따르면, 자기계발의 능력 자체가 내 사회계급에 의해 결정되고, 정신발달psychic development의 다른 측면들과 마찬가지로 자기계발의 능력 역시 손상을 입을 수 있다(자기계발의 능력은 일단 손상되면 의지력만 가지고는 회복될 수 없는 것이었다). 여기서 프로이트는 교묘한 사회학적·심리학적 주장을 내놓는다. 곧 회복이 가능하려면 회복을 사회적 편익social benefit으로 전환할 수 있어야 한다. 이는 정신적 질병psychic disease과 질병으로부터의 회복과 환자의 사회경제적 위치 간에 밀접한 관계가 있다는 주장일 뿐 아니라, 정신적 고통psychic misery을 돈벌이에 이용할 수 있다는 주장이기도 하다.

요컨대 19세기 말과 20세기 초에 스마일즈와 프로이트는 윤리적 자아 담론moral discourse of selfhood의 극과 극이었다. 첫째, 스마일즈의 자기계발 에토스에 따르면, 의지력과 도덕적 기백을 가지고 미덕을 행하면 계급상승과 시장진입은 충분히 가능한 일이었다. 반면에 프로이트의 이론 틀에는 자기계발과 미덕이 들어설 자리가 없었다. 이는 프로이트의 견해의 핵심인 가족 내러티브가 (에리히 아우얼바흐Erich Auerbach의 용어를 빌리면) 선線이 아닌 형形이었기 때문이다. 형상적인 것은 직선적인 것과 달리 "인과적으로 시간적으로 멀리 있는 두 가지 사건에 하나의 공통된 의미를 부여함으로써 이 두 사건을 결합"한다.[4] 자기계발의 가정에 따르면, 인생이란 일련의 축적된 성과들로서, 수평선처럼 흐르는 시간을 따라서 펼쳐지는 어떤 것이라고 이해할 수 있다. 반면에 프로이트의 자아관이 가정하기로는, 인생은 선처럼 뻗어 있는 것이 아니라 원처럼 돌고 도는 것이며, 따라서 아동기의 주요 사건들과 아동기 이후의 정신발달 사이에는 눈에 보이지 않는 수직선이 그려져야 한다. 둘째로 프로이트가 보기에 정신psyche의 새로운 목표는 건강이지 성공이 아니었고, 정신의 목표인 건강은 의지력에 의존하는 것이 아니었다(치유가 일어나는 곳은 환자의 사유와 의지가 관여할 수 없는 곳이었다). 정신을 변화시키고 궁극적으로 사회를 변화시킬 수 있는 동력은 "의욕"volition과 "자제"self-control가 아니라 전이transference, 저항resistance, 꿈 작업dream work, 자유연상free association뿐이었다. 셋째로 프로이트에 따르면 정신치유는 민주적일 수도 없고 모든 사회 계층에게 고르게 분배될 수도 없다. 실제로 프로이트는 치료학이 사회적 특권과 은밀히 연관되어 있다고 주장한다.

하지만 오늘날 미국 문화를 잠깐이라도 들여다보면, 이런 담론들이 아이러니하게 역전되어 있는 것을 발견할 수 있다. 첫째로 자기계

---

4 Woody, Melvin J., 2003, "The Unconscious as a Hermeneutic Myth: Defense of the Imagination," in J. Phillips & J. Morley (eds.), *Imagination and Its Pathologies*, Cambridge, MA: MIT Press, p. 191에서 인용.

발 문화가 미국사회를 지배하면서, 스마일즈의 자기발전 에토스와 프로이트 이론에서 나온 개념들이 완전히 뒤얽혀 이제 서로 구분할 수 없을 정도가 되었다. 둘째로 자기계발 에토스와 심리학 사이에 굳건한 동맹이 맺어지다 보니, 노동자와 부유층이 정신적 고통을 정체성의 한 특징으로 (상처 입은 자아가 등장하는 내러티브의 형태로) 공유하게 됐다. 아동기에 방치됐던 경험, 부모에게 과잉보호받은 경험, 남모르는 자존감 결핍, 일·섹스·음식에 대한 강박관념, 분노, 공포증, 불안은 계급적 자격을 분명하게 따지지 않게 되었으며, 그런 의미에서 "민주적" 질병이다. 이처럼 정신적 고통이 전반적으로 민주화되는 과정에서 한 가지 이상한 일이 벌어졌다. 정신치유가 엄청나게 수지맞는 장사이자 번창하는 산업이 된 것이다.

지금 출현하고 있는 정체성 내러티브는 한편으로는 자기계발 에토스를 그 어느 때보다 강력하게 선전하면서도, 다른 한편으로는 고통의 내러티브이다. 이러한 역설을 어떻게 설명할 것인가? 감정적 고통과 사회계급은 어떻게 절합되는가? 감정생활, 계급불평등, 계급재생산 사이의 관계를 어떻게 볼 것인가? 너무나 방대한 질문이다. 한 장에서 이에 대한 온전한 답변을 내놓기는 어려울 것이다. 이 장에서는 다만 이 방대한 문제들을 던지는 데 필요한 대강의 사고 윤곽을 그려보고자 한다.

자아실현 내러티브

미국의 맥락에서 치료학은 주요한 정체성 내러티브 중 하나였던 자기계발 내러티브를 재가공·합병함으로써 자아 내러티브가 될 수 있었다. 치료학이 자기계발 내러티브의 새 버전으로 거듭나는 데는 여러 가지 요인들의 개입이 있었다. 첫째로 심리학 이론에 내부적인 변화가 발생했다. 곧 심리학이 프로이트의 결정론에서 점차 이탈하면서, 자기발전을 바라보는 좀더 낙관적이고 비제약적인 관점을 제공했다. 하인츠 하르트만Heinz Hartmann, 에른스트 크리스Ernst Kris, 루돌프 뢰벤슈타인Rudolph Loewenstein, 알프레드 아들러Alfred Adler, 에리히 프롬Erich Fromm, 캐런 호니Karen Horney, 앨버트 엘리스Albert Ellis 같은 심리학자들은, 저마다 견해를 달리 하면서도 모두 프로이트의 정신결정론을 거부했고, 좀더 유연하고 비제약적인 자아관을 비슷비슷하게 선호했다. 요컨대 심리학의 변화는 심리학이 (미국의 독특한) 윤리적 견해—누구든 자기의 운명을 개척할 수 있고 또 개척해야 한다—와 좀더 넓게 공존할 수 있는 새로운 가능성을 열었다. 특히 심리학의 변화는, 마음이 질병을 치유할 수 있다는 주장으로 19세기에 크게 유행했던 정신요법운동mind cure movement과 공명했다.

둘째로 이러한 심리학 내러티브, 곧 자아가 스스로 변신하고 스스로를 구성할 수 있음을 인정하는 내러티브를 널리 유포시킨 것은 바로 1939년 포켓북스Poket Books로부터 시작된 "문고판 혁명"이었다. 이에 따라 소비자들은 값싼 책을 손쉽게 살 수 있게 되었다. 이 문고판 혁명 덕에 대중 심리학이 겨냥하고 포섭할 수 있는 중간계급 및 중하계급 성원들이 점점 늘어났다. 실제로 이런 책은 편의점, 기차역, 잡화점 등 어디서나 구할 수 있었고, 이미 번창하고 있던 자기계발 산업을 더욱 공고하게 했다.

셋째로 심리학자들의 권위가 점점 높아지다 보니 개인주의적·심리학적 자아 개념에 대한 반론이 될 만한 정치 이데올로기들이 1960년대 후반이 되면서 세력을 잃었다. 사회학자 스티브 브린트Steve Brint의 표현을 빌리면, "전문가 권력이 가장 강력한 시기는 [……] 전문가들이 자기네 전제가 당연하게 받아들여지는 탈정치화된 환경에서 활동하는 시기이며 [……] 전문가 영향력이 가장 강력한 시기는 전문가들이 유력한 저항 이데올로기counterideology의 방해 없이 지배적인 문화 가치를 내세울 수 있는 시기이다."[5] 좀더 정확히 말해서, 1960년대에 정치적 메시지의 중심에는 섹슈얼리티, 자기발전, 사생활이 있었다. 1960년대의 "성 혁명"sexual revolution은 당시 성숙·확장되던 소비시장과 동맹군이 됨으로써 정신분석학자들을 좀더 돋보이는 존재로 만들어주고 정신분석학자들의 권위를 더욱 높여주었다. 이는 소비주의와 성해방이라는 문화적·이데올로기적 설득 담론이 공히 자아, 섹슈얼리티, 사생활을 정체성이 구성되고 표현되는 주요 거점으로 만들었기 때문이다. 이런 맥락에서 심리학자들이 새로운 정치 담

---

[5] Brint, Steven, 1990, "Rethinking the Policy Influence of Experts: From General Characterizations to Analysis of Variation," *Sociological Forum*, 5(1): 373~375.

론—주로 섹슈얼리티와 남녀관계를 다루는 정치 담론—으로 끌려들어갔던 것은 손쉬운 행보였을 뿐 아니라 당연한 행보였다. 자유로운 섹슈얼리티와 자아실현에의 요구는 권리가 적용되는 영역을 확장하고 권리를 소유한 집단을 확대하는 여러 담론들과 밀접한 관계를 가지게 되었다. 심리학이 대중문화 속에 깊숙하게 자리 잡는 데 가장 큰 힘이 됐던 운동, 자아에 대한 개념들을 극적으로 변화시킨 운동이 인본주의 운동인데, 그중에서 가장 주목할 만한 인물들이 에이브럼 매슬로Abraham Maslow와 칼 로저스Carl Rogers다.

칼 로저스는 사람들을 기본적으로 선량한 존재 내지 건강한 존재로 간주하고, 정신건강을 정상적인 생활의 조건으로 간주하며, 정신질환이나 범죄행위 같은 문제들을 건강을 원하는 타고난 성향에 대한 왜곡으로 간주했다. 칼 로저스의 이론 전체가 자기를 실현하는 성향—모든 생명체가 갖고 있는 선천적 욕구로, 자기 잠재력을 최대한 펼치고자 하는 욕구—이라는 아주 단순한 개념에 토대를 두고 있었다. 칼 로저스는 1954년에 오벌린 대학에서 강연하면서 다음과 같이 말했다.

> 성장에의 경향이라고 하든, 자기실현 욕구라고 하든, 앞으로 나아가는 성향이라고 하든, 어쨌든 이것이 생명의 원천이다. 모든 심리치료는 결국에는 바로 이런 성향에 의존하게 된다. 그것은 생명체와 인간에게서 명백하게 드러나는, 더 확장되고, 더 뻗어나가고, 홀로 서고, 발전하고, 성숙해지려는 욕구이며, 자아의 전全 역량을 표

현하고 활성화하는 성향이다. 〔……〕 〔이러한 성향은〕 적절한 조건을 만나면 즉시 발현된다.[6]

로저스에게 성장은 보편적 성향이다. 이러한 성향은 겉으로 발현되지 않는 경우도 있지만 결코 없을 수는 없다. 로저스에 따르면, 이런 성장에의 욕구를 보존하기 위해서는 나 자신을 긍정해야 한다. "기본은 나 자신을 무조건 긍정하는 것이다. '가치의 조건'을 달게 되면(내가 아버지를 기쁘게 한다면, 또는 내가 좋은 점수를 받는다면, 나는 가치 있는 존재이다), 자아실현에 한계가 생긴다." 요컨대 로저스의 주장은 자아란 자아실현을 추구하라는 어길 수 없는 명을 받은 존재라는 것이었다.

그러나 이런 유의 개념들을 미국 문화에 가장 널리 퍼뜨린 인물은 에이브럼 매슬로였다. 자기실현에 대한 욕구가 존재한다고 생각했던 매슬로는 미국 문화에서 엄청난 반향을 얻게 될 가설, 곧 사람은 성공에 대한 두려움 때문에 위대함과 자아실현에 대한 포부를 가지지 못하게 된다는 가설을 내놓았다. 이 가설로 인해서 사람을 나누는 새로운 범주가 만들어졌다. 다시 말해, 자아실현의 심리학적 이상들을 따르지 않는 사람은 이제 병자로 규정되었다. "우리가 '병자'라고 부르는 사람들은 자기 자신이 아닌 사람들, 인간적인 것에 대한

6 Rogers, Carl R., 1961, *On Becoming a Person: A Therapist's View of Psychotherapy*, Boston, MA: Houghton Mifflin Company, p. 35.

두려움 때문에 온갖 신경증적 방어기제들을 구축한 사람들이다."[7] 다시 한 번 매슬로의 표현을 빌자면, "창의력이라는 개념과 건강하고 자아를 실현하고 충분히 인간적인 사람이라는 개념―이 두 가지 개념은 점점 가까워지는 것 같다. 알고 보면 똑같은 것일 수도 있다."[8]

넷째, 인간의 발전에 대한 심리학적 관점들이 문화적인 자아 개념들을 관통·변형할 수 있었던 이유는, 이런 관점들이 자유주의적 관점―자기계발이 하나의 권리라는 관점―과 공명했기 때문이다. 심리학적 관점이 자유주의적 관점과 연결되자, 심리학자들의 활동 영역은 엄청나게 넓어졌다. 우선 심리학자들은 중증 심리 장애의 영역에서 좀더 광범위한 신경증적 고통의 영역으로 옮겨갔다. 그러나 그게 다가 아니었다. 이제 심리학자들은 건강과 자아실현이 알고 보면 똑같은 것이라고 생각하게 됐다. 곧 자아를 실현하지 못한 사람들은 이제 보살핌과 치료학이 필요한 사람이 되었다. 자아실현 개념이 자본주의에 대한 1960년대 정치비판론을 반영했다고 말할 수도 있고, 자기표현과 행복의 새로운 비물질적 형태들에 대한 요구를 반영했다고 말할 수도 있다. 그러나 치료학이라는 설득 담론은 여기서 한발 더 나아가 행복의 문제를 의학적 은유를 동원해서 표현했으며 평범한 삶들을 병리화했다.

그런데 심리학은 나의 가장 "완전한" 자아 또는 "자아를 실현한"

---

[7] Maslow, Abraham, 1971, *The Farther Reaches of Human Nature*, London: Penguin Books, p. 52.
[8] Ibid., p. 57.

자아가 될 것을 명령하면서도, 완전한 자아와 불완전한 자아를 구분할 지침을 주지는 않았다. 심리학자들은 새로운 감정 위계를 만들어냈다. 위쪽에는 자기를 실현한 사람들이 있고 아래에는 온갖 문제들과 씨름하는 사람들이 있다는 것이다. 그러나 치료 문화는, 한편으로는 건강과 자아실현을 자아 내러티브의 목적으로 설정하면서도, 다른 한편으로는 갖가지 행동을 열등한 자아—"신경증적" 자아, "병든" 자아, "자멸적" 자아—의 기호 및 징후로 설정했다(이는 치료 문화의 가장 눈에 띄는 특징 중 하나다). 실제로 치료언어를 사용하는 많은 책에 깔려 있는 가정들 일체를 검토해본다면, 치료학적 사고를 구조화하는 모종의 패턴이 분명하게 드러날 것이다. 곧 건강의 이상 또는 자아실현의 이상이 역으로 온갖 역기능을 정의하고 있다. 다시 말해 치료학적 사고는 "자아가 실현된 삶"이라는 모델 내지 이상을 전제한 후, 감정적으로 건강하지 못한 행위들을 그런 이상과 비교·대조함으로써 연역한다. 그런 이상을 신체적 건강의 영역에 적용하면, 근육의 능력을 100% 이용하지 않는 사람은 병자라는 말이나 마찬가지이다.[9] 심리학 담론에서 말하는 건강이 신체적 건강과 다른 점이라면, 무엇을 "강한 근육"이라고 할 것인가에 대한 정의가 불분명하고 유동적이라는 것이다.

    이런 내러티브의 구체적인 예를 보자. 내가 앞 장에서 말했듯이,

---

9   Reznek, Lawrie, 1991, *The Philosophical Defense of Psychiatry*, New York: Routledge.

심리학자들은 친밀성을 성관계와 부부관계에서 도달해야 할 이상으로 설정했다. 곧 심리학자들은, 자아실현 등의 범주를 "건강"의 암구호로 만들었듯, 가까운 관계에서의 친밀성 역시 그런 암구호로 만들었다. 요컨대 건강한 관계는 친밀한 관계였고, 친밀성은 건강함이었다. 이렇듯 친밀성 개념이 건강한 관계의 규범 내지 기준으로 설정된 후에는, 친밀성의 부재가 새로운 치료학적 자아 내러티브의 편성 틀이 될 수 있었다. 곧 이런 내러티브에 따르면, 친밀성이 없는 사람은 이제 감정이 어딘가 잘못되어 있는 사람, 예를 들어 친밀성에 대한 **두려움**을 갖고 있는 사람을 뜻하게 되었다. 『레드북』의 한 기사에 인용된 어느 치료사의 말은 이를 잘 보여준다. "우리 사회에서 사람들은 친밀성을 성관계보다 더 두려워합니다. 흔히 친밀성 문제를 안고 있는 사람들은 가까운 관계에 있는 사람들에게서 성애를 잘 느끼지 못합니다. 좀더 가벼운 연애는 아주 잘 하면서."[10] 모종의 감정 상태를 건강하고 바람직한 것으로 전제하는 치료 내러티브는 두 가지 의미에서 동어반복이다. 곧 이런 이상에 도달하지 못하는 모든 행동이나 상태는 건강에 도달할 수 없게 하는 무의식적 감정을 가리킬 뿐 아니라, 건강에서 벗어나고 싶어하는 은밀한 욕망을 가리킨다. 예를 들어 〈오프라 윈프리 쇼〉(2005년 4월 29일 방송)에는 결혼생활에서 문제를 겪고 있는 좀 뚱뚱한 여성이 출현했다(남편은 아내가 결혼한 뒤부터 계속 살이 찌는 것을 싫어했다). 이 여자의 이야기를 심리적 건강

---

[10] Botwin, Carol, 1985, "The Big Chill," *Redbook*, February, p. 105.

의 내러티브로 편성하는 데는 두 가지 전제, 곧 친밀성은 건강함이라는 전제와 이 여자의 비만이 친밀성을 가로막는다는 전제가 필요했다. 그리고 이런 전제하에서, 이 여자가 살을 빼지 못한다는 사실은 심리적 건강 내러티브의 발단이 될 수 있었다. 실제로 초대 손님으로 나온 어느 심리학자는 이 여자가 살이 찌는 것이 남편에 대한 무의식적 복수라고 주장했다(심리학자가 맡은 일은 이 여자의 이야기를 심리적 문제로 편성하는 것이었다). "과체중"의 이 여자는 심리학자의 말에 아니라고 답했다. 하지만 심리학자와 이 여자의 의견대립은 피상적인 것에 불과했다. 이 여자는 자기가 뚱뚱하다는 사실이 무의식적 이유에서 비롯되었다는 데는 일단 동의했다. 하지만 이 여자에 따르면 자기가 뚱뚱한 이유는 자기를 사랑하게 될지 모를 남자들을 물리치고 남편에게 지조를 지키기 위해서였다. 이 예에서 알 수 있듯이 치료 내러티브에서는 마치 종교 내러티브에서처럼 모든 일에 의미와 목적이 감추어져 있다. 신적인 계획이 숨겨져 있다고 가정될 때 인간의 고통이 설명되는 것과 같이, 치료 내러티브에서 우리가 겉보기에 손해 보는 선택을 하는 것은 모종의 숨겨진 필요와 목적을 위해서다. 자기계발 내러티브와 고통 내러티브가 연결되는 곳이 바로 이 지점이다. 우리가 불행해지기를 은밀히 욕망하고 있다면, 고통을 덜어낼 직접적 책임을 자아에게 돌릴 수 있으니 말이다. 예를 들어 어떤 여자가 무책임한 남자나 자기를 사랑하지 않는 남자와 계속해서 사랑에 빠진다면, 문제는 그녀의 자아에 있다(그녀의 자아를 꼭 비난해야 하는 것은 아니지만, 바꾸어야 하는 것은 사실이다). 요컨대 자기계발 내러티브는 정신적 실패·불행 내러티브와 밀접하게 얽혀 있다. 정확히 말해서 후자는 전자를 움직이게 하는 동력이다. 오늘날 우리에게 남겨진 프로이트의 유산은 우리가 우리 집의 완전한 주인이라는 것이다. 단 여기에는 아이러니가 존재한다. 곧 우리 집이 활활 타고 있을 때도, 아니 우리 집이 활활 타고 있을 때에 특히, 우리는 우리 집의 주인이다.

제도들은 문화 일관성을 마련하는 방편으로 동일성을 확보하기보다는 차라리 차이를 조직하려 한다. 이는 많은 논자들이 주장해온 바와 같다. 빌 시웰Bill Sewel의 표현을 빌리면, "제도들은 공인받은 이상에서 벗어나는 실천들 및 집단들을 정상화·동질화하려 할 뿐 아니라, 서열화·분리·배제·정죄·헤게모니화·주변화하려 한다."[11] 그런데 치료학이라는 설득 담론은 정상성의 윤리적·학문적 이상理想을 설정한 후, 여기에서 어긋나는 일반화된 "차이"를 창출함으로써 자아를 제도화해왔다(이는 전례를 찾아볼 수 없는 치료학의 흥미로운 특징이다). 곧 치료학은 정의되어 있지 않고 끊임없이 확장되는 건강의 이상을 설정함으로써, 역으로 모든 행동들에 "병리"·"질환"·"신경증"이라는 라벨을 붙일 수 있었다(좀더 단순한 라벨은 "부적응"·"역기능"이었고, 좀더 일반적인 라벨은 "자아실현의 실패"였다). 요컨대 치료 내러티브는 정상성과 자아실현을 자아 내러티브의 목표로 설정

---

[11] Sewell, William H., 1999, "The Concept(s) of Culture," in Victoria E. Bonnell & Lynn Hunt (eds.), *Beyond the Cultural Turn: New Directions in the Study of Society and Culture*, Berkeley: University of California Press, p. 56.

하면서도, 그러한 목표에 분명한 내용을 부여하지 못한다. 따라서 실제로 자아 내러티브는 자아를 실현하지 못한 온갖 실패자들, 즉 병자들을 산출하게 된다. 말하자면 자아실현이란 이제 데리다적的 차이들의 시시포스적的 유희를 산출하는 문화 범주이다.

문화 개념들이 오직 머릿속에만 존재한다면 영향력이 미미할 것이다. 곧 문화 개념들은 대상들, 상호작용의 관습들, 제도들 속에서 구체화되어야 한다. 바꾸어 말해서 문화는 사회적 실천들 속에서 체현돼야 하며, 이론적인 동시에 실천적인 방식으로 기능해야 한다. 실천적 차원과 이론적 차원을 어떻게 연결할 것인가가 바로 문화의 과제이다. 요컨대 문화는 정교한 사고 체계들로부터 시작해서 일상 생활의 실제적 활동들로 확장된다.[12] 모종의 실천적 테두리를 맥락으로 가질 때에 비로소 이론적 담론은 일상에서 사용되는 자아 개념 속에 통합될 수 있다.

치료학적 자아실현 내러티브가 광범위한 영향력을 행사할 수 있는 것도, 치료학적 자아실현 내러티브가 온갖 사회 거점에서 구현되고 있기 때문이다. 곧 격려집단support group,• 토크쇼, 상담, 재활 프로그램, 사설 유료 강습회, 치유 세션, 인터넷 같은 것이 모두 자아 수행performance of self 및 자아 재정비retooling of self의 거점으로 이용된다. 요컨대 목하 진행 중인 자아소유 및 자아구현에서 이런 거점들은 눈

---

[12] Eagleton, Terry, 1991, *Ideology: An Introduction*, London: Verso. p. 48.
• 질병, 중독, 특이 성향, 소수 정체성 등 비슷한 특징을 공유하는 사람들로 이루어진 모임으로, 주된 활동에는 정보 공유, 경험 공유, 감정적 지지 등이 포함된다.

에 보이지 않게 광범위한 영향력을 행사하는 부속물이 되고 있다. 이런 거점 중에는 시민사회의 자율조직도 있고(예를 들면 금주회Alcoholic Anonymous), 상품화된 단체도 있다. 후자의 사례 중에 세계적으로 크게 히트한 사례로 랜드마크교육주식회사(LEC, 한때 EST로 알려져 있었고, 지금은 '포럼'Forum으로도 알려져 있다)를 들 수 있다. LEC는 사람들의 역량을 강화해준다는 3일짜리 강습 프로그램으로 연간 약 5,000만 달러의 수입을 올리는 사업체다. 본사는 샌프란시스코에 있고, 전 세계 11개 국에 42개의 지사를 두고 있다. 자아실현이 (그리고 그 상업화가) 전지구적 사업이 되었음을 보여주는 증거이다. LEC의 3일짜리 강습회 참가비는 상당히 비싼데, 회사에서 말하는 강습회의 목적은 "다른 사람들과 소통하고 관계하는 능력, 그리고 자기 인생에서 정말 중요한 일을 성취하는 능력을 크게 향상시키는 것"이다.[13] 나는 이 연구를 위해서 LEC 강습회에 참가해보았다. 3일 동안 참가자들은 자기 삶을 자아실현 내러티브와 연결시키라는 주문을 받았다. 우선 참가자들은 자기 삶의 역기능적 측면에 주목해야 했다(예를 들면 "나는 독신인데 짝을 못 찾고 있다." "나는 여자친구가 많지만 한 여자에 정착을 못 하겠다." "나는 아버지가 내 생활방식을 인정해주지 않는다는 이유로 아버지와 5년 동안 말을 안 하고 지냈다." "나는 내가 하는 일이 마음에 안 들지만 그렇다고 일을 안 할 수도 없다" 등등). 이어 참가자들은 자기 삶의 여러 측면들 중에서 자꾸 반복되는

---

[13] Landmark Corporation, http://www.landmarkeducation.com

것들을 가지고 하나의 체계를 구축해야 했다. 끝으로 참가자들은 자기가 채택한 자아실현 내러티브를 토대로 자기 삶을 재구성해야 했다. 예를 들어 LEC 강습회에 참가했던 대니얼이라는 남자는 웹상에서 다음과 같이 말하고 있다.

나의 무의식적 존재 방식 중 하나는 내가 열한 살 때 있었던 일에서 비롯되었다. 친구들 앞에서 원치 않는 고백을 해야 했던 일이었다. 나는 길 건너에 사는 여자 아이에게 입맞춤도 못 하는 겁쟁이라는 고백이었다. 나는 수치스러웠고, 나 같은 사람은 사회에서 성공할 수도 없을 것이고 여자들 앞에서 용기를 보일 수도 없을 것이라고 결론을 내렸다. 이제 다른 것이 필요했다. 그래서 나는 차라리 신중하고 진지하고 근면하고 책임감 있는 사람이 되어야겠다고 나 자신을 재설계했다. 어떤 의미에서 보면 덕분에 나는 모든 일을 내 힘으로 내 손으로 해야 하는 사람이 되었다. 그것이 내 성공의 공식이 되었다. 그리고 그것은 지금도 마찬가지지만, 이제 내가 그것의 정체를 알게 되었으니 더 이상 그것에 휘둘릴 필요는 없어졌다. 나는 자유를 얻었다. 옛날처럼 무의식적 존재방식대로 살았다면 도를 넘는 일, 위험한 일이라고 못 했을 것들을 이제는 할 수 있게 된 것이다. 사는 법도 달라졌고 일의 결과물도 달라졌다. 내가 바라보는 나 자신은 좀더 유연해진 모습이다. 내 주위 사람들, 내가 속한 지역사회, 내 직업에서 내가 접촉하는 사람들과 내가 담당하는 활동들이 점점 늘어나는 지금, 나는 그런 사람들과 활동들을 통합하는 일을 좀더 즐겁게 해낼 수 있게 됐다.

우리는 이 이야기에서 치료 내러티브가 어떻게 작동되는가를 확인할 수 있다. 내러티브의 틀은 내가 모종의 병리를 깨닫는 것으로 되어 있다. 이 내러티브에서는 병리가 "무의식적" 존재방식으로 표현되어 있다(무의식적 존재방식은 내가 의식적으로 선택한 존재방식과 대립된다). 이 남자는 우선 자신의 무의식적 행동이 무엇인지를 밝힌 다음, 이어 과거와의 인과관계를 구축한다. 이렇게 이 남자는 자아의 손상을 가져온 것으로 보이는 유년기의 사건을 밝혀내고, 이 사건은 이 남자의 전반적 행동에 중대한 영향을 끼쳤던 것으로 가정된다. 이 이야기가 잘 보여주듯이, 우리의 행동들 중에서 "병리적" 행동으로 재구성할 수 없는 행동은 아무것도 없다. 예를 들어 근면함, 진지함, 신중함 같은 친사회적 행동들도 "병리적" 행동으로 재구성될 수 있다. 규범적으로 근면은 칭찬받을 만한 특징이다. 그러나 이 이야기에서 근면은 "강박"으로 재해석됨으로써 병리의 "자격"을 획득한다. '포럼'이 제공하는 내러티브 구조에 따르면, "병리적" 행위로 인해서 편익들이 발생한다. 이 남자 역시 자신의 병리적 행위로 인해서 축적된 편익들을 밝히고자 한다. 이로써 이 남자는 병리적 행위가 나쁜 행위라고 "느껴지지" 않았던 이유를 설명할 수 있고, 그런 행위를 고칠 책임과 자기변혁 및 자기계발 내러티브를 가동시켜야 할 책임이 자기 자신에게 있다고 말할 수 있다.

치료학 에토스는 한때 모종의 지식 체계였지만, 시장에서 유포됨에 따라 이제 레이먼드 윌리엄스Raymond Williams가 말하는 이른바 "감정 구조"가 되었다. 감정 구조라는 개념은 두 가지 상반된 현상을 지칭하고 있다. 우선 "감정"은 모종의 무정형의 경험을 가리킨다(이러한 경험은 우리가 어떤 존재인가를 정의하지만, '우리는 이러저러한 존재다'라고 분명히 표현하지는 못한다). 한편, "구조" 개념은 감정의 차원에 모종의 구조가 있음을 암시한다(곧 구조는 우연적이 아니라 체계적이다).[14] 실제로 치료학적 자기계발 문화는, 한편으로는 우리의 사회적 경험에서 무형적인 측면에 해당하지만, 다른 한편으로는 자아 및 타자에 대한 인식, 자서전 장르autobiography, 대인관계를 조직하는 고도로 내면화된 문화 도식이기도 하다.

이렇게 보자면 치료 내러티브가 TV 토크쇼의 표출 방식 및 고백 방식을 구조화한다고 말할 수도 있다(TV 토크쇼는 대략 15년 전에 등장해서 TV 매체의 전반적인 변화를 가져온 장르라고 할 수 있고, 어쨌든 TV의 변화를 가장 분명하게 보여주는 장르이다). 토크쇼 장르 중에서도 가장 크게 히트한 유명한 프로그램이 바로 오프라 윈프리의 토크쇼다(날마다 3,300만 명 이상이 시청하는 프로그램이다). 오프라 윈프리는 인터뷰를 치료학적 방식으로 진행하는 것으로 악명을 떨쳤으며, 치료학적 방식의 자기계발을 집중 선전해왔다.[15] '포럼'에서와 마찬가지로 토크쇼에서도 출연자들은 프로그램이 제공하는

14 Eagleton, *Ideology*.
15 Illouz, Eva, 2003, *Oprah Winfrey and the Glamour of Misery: An Essay on Popular Culture*, New York: Columbia University Press.

치료 내러티브를 토대로 자기의 행동에 대한 자기이해의 틀을 구축한다. 예를 들어 보자. 수는 이혼을 원한다. 그녀의 남편인 개리는 이혼할 생각에 괴로워하면서 아내 곁으로 돌아가기를 간절히 원한다. 아내와의 관계를 회복하고 싶어하는 개리의 바람은 심리학적 문제로 정리된다(개리가 출연한 날, 토크쇼의 타이틀은 "사람들은 왜 헤어지고 후회하나?"였다). 개리의 이야기를 하나의 문제로 정리하는 역할과 개리의 행동을 설명해줄 포괄적인 내러티브를 제공하는 역할은 일차적으로 캐롤린 부숑이라는 심리치료사에게 돌아간다.

윈프리: 오늘은 캐롤린 부숑이 우리와 함께 합니다. 캐롤린은 심리치료사입니다. 캐롤린은 『사랑할 때 나를 잃지 않는 방법』*Loving Him Without Losing You*이라는 책을 썼는데, 그 책에 보면 사람들이 옛사랑을 못 잊는 이유가 보통은 사랑 때문이 아니라는군요. 정말 그런가요?

부숑: 그게, 여러 가지 이유가 있지만, 상당수는 거부rejection 때문이죠. 내가 보기에는 이 남자 분[개리]이 떨쳐내지 못하는 생각이, 이 분이 원하는 건, 당신이 아내 분과 다시 잘 되기를 원하는 이유는 당신 자신에 대해 긍정하고 싶기 때문이죠 [……] [프로 후반] 개리는 그것에 중독되어 있어요. "그것"이 뭐냐면, 나는 나쁜 사람이다, 그런 느낌 말이에요. 그러니까 개리가 생각하기로는 '전처는 날더러 나쁜 사람이라고 한다. 전처가 그렇다고 하니 그렇겠지. 그러면 만약에 내가 전처의 생각을 바꿀 수 있다면, 전처가 나를 나쁜

사람으로 보지 않게 되면, 모든 것이 다시 괜찮아지겠지.' 그렇게 생각하는 거죠. 〔……〕 잘못을 바로잡는 것도 마찬가지예요. 내가 했던 일에 대해 죄의식을 느끼니까, 상대에게 그에 대한 보상을 해 주려는 거죠. 그래야 내 잘못도 없어질 테니까.

윈프리: 개리, 당신은 죄의식을 느끼나요?

개리: 그럼요. 느끼지요.

부숑: 그렇겠죠. 〔수를 마음대로 다루려고 했던〕 잘못에 대해서 죄의식을 느끼겠죠.

윈프리: 그럼, 개리, 당신은 수에게 '나를 다시 받아만 준다면, 다시는 안 그러겠다, 믿어 달라' 이런 말을 하고 싶겠군요.

개리: 전에 그랬어요. 맞아요.

윈프리: 그렇군요, 네에, 그 사람이랑은 못 살고—그 사람 없이는 못 살고!

부숑: 그러다가 보면, 중독된, 중독적인 관계에 빠집니다. 그런 관계가 얼마나 많은지 몰라요. 그럴 때 사람들은 이런 말을 하잖아요. "그 사람이 필요해. 그 사람을 사랑해. 하지만 그 사람이 미워."[16]

여기에는 몇 가지 주목할 점이 있다. 첫째, 치료 내러티브는 특화된 시장을 창출한다. 시청자는 잠재적 환자 겸 소비자로 정의된다. 치료학 관련 직업, 출판 산업, 텔레비전 토크쇼는 "너무 사랑하는" 사람

---

[16] "Can't Get Over Your Ex," 1995, *Redbook*, March 28.

들 혹은 "옛사랑을 못 잊는" 사람들을 소비자 겸 환자로 구성한다. 둘째, 치료 내러티브는 감정—이 경우에는 죄의식—을 공적 대상, 곧 발현의 대상, 토론의 대상, 논쟁의 대상으로 만든다. 주체는 "사적" 감정들을 구성·발현함으로써 공적 영역에 참여한다. 셋째, 내가 내 인생의 이야기를 치료 내러티브로 다시쓰기 하는 원동력은 바로 이 이야기의 목표이다.[17] 다시 말해, "성해방", "자아실현", "친밀성", "원만한 이혼" 같은 내러티브 목표들이 내 문제상황—내 인생에서 내 목표의 달성을 가로막는 상황—을 결정하게 하며, 문제상황은 내가 내 인생의 어떤 옛날 사건들에 주목해야 하는지, 그리고 어떠한 감정 논리를 가지고 이런 사건들을 한데 묶을 것인지를 결정하게 한다("내가 친밀성을 얻지 못하는 것은 친밀성을 두려워하기 때문이다. 내가 어렸을 때 어머니는 한 번도 내가 필요로 하는 것에 관심을 가져주지 않았으며, 나는 항상 어머니의 관심에 목말라 있었다. 내가 친밀감을 두려워하는 것은 그 때문이다." 또는 "나는 원만한 이혼을 원해야만 한다. 내가 원만한 이혼을 원하지 않는 이유는 내가 문제가 없으면 못 사는 인간이기 때문이다. 내가 이 이혼을 원치 않는 것은 사실 바로 그 때문이다"). 이런 의미에서 치료 내러티브는 앞에서 뒤로 진행된다. 치료 문화가 역설적이게도 고통과 트라우마를 특권화하는 것도 그 때문이다. 치료학적 자아실현 내러티브는 이야기에서의 문제

---

17 Gergen, Kenneth J. & Mary Gergen, 1988, "Narrative and the Self as Relationship," in L. Berkowitz (ed.), *Advances in Experimental Social Psychology*, New York: Academic Press, vol. 21, pp. 17~54에서 p. 18 참고.

상황—내 행복과 친밀성과 성공을 가로막는 상황—이 무엇인지가 밝혀진 뒤에야 비로소 작동될 수 있으며, 이야기에서의 문제상황은 내 과거에 있었던 어떤 사건을 참조함으로써 비로소 설명될 수 있다. 치료학적 자아실현 내러티브를 통해서 나는 내 인생이 일반화된 역함수라는 것을 구조적으로 이해할 수 있게 되고, 바로 이런 이해를 통해서 그것을 극복할 수 있게 된다. 치료학적 자아실현 내러티브는 수치, 죄의식, 두려움, 부족함 등 부정적 감정을 전면에 내세우지만, 윤리적 도식 내지 윤리적 비난을 하지는 않는다.

치료 내러티브는 특히 자서전 장르에 적합하며, 실제로 자서전 장르를 크게 바꾸어놓았다. 치료학적 자서전을 보면, 정체성의 발견과 표현은 고통의 경험에서, 그리고 이야기함으로써 얻게 되는 감정의 이해에서 비롯된다. 19세기 자서전 내러티브에서 흥미를 유발하는 요인이 "가난뱅이가 부자가 되었다"는 줄거리였다면, 오늘날의 자서전은 완전히 반대되는 특징을 보여준다. 곧 오늘날의 자서전은 부와 명예를 누리는 중에도 닥쳐올 수 있는 정신적 번민을 다룬다. 이를 설명하기 위해 나는 세 가지 예를 준비했다. 첫번째 예는 오프라 윈프리의 자서전이다. 윈프리는 최고의 명성을 누리는 중에도 자기의 인생을 다음과 같이 구성할 수 있었다.

> 그 책(오프라 윈프리가 썼다는 자서전)이 나오기 전까지 윈프리는 감정적으로 방황하는 상태, 캄캄하고 질식할 것 같은 자기불신의 강물 위를 떠다니는 상태였다. (……) 중요한 문제는 그녀가 자기

내면에서, 자기 영혼 가장 깊은 곳에서 무엇을 느꼈는가이다. 그곳에서 그녀의 느낌은 그렇게 좋지가 못했다. 모든 것이 그로부터 비롯된다. 계속되는 비만과의 전쟁도("내 살의 무게는 내 인생의 무게였다"), 성적으로 활발했던 청소년기도("내가 섹스하고 돌아다니기를 좋아했기 때문이 아니었다. 일단 시작하게 되면 다른 남자아이들이 나한테 골을 내는 것이 싫었기 때문이었다"), 사랑하는 남자를 위해서 어리석은 행동들을 마다하지 않은 것도("나는 내가 하찮게 취급받아 싸다고 생각했다. 내가 거듭되는 관계들 속에서 계속해서 하찮게 취급받은 것은 그 때문이었다"), 모두 내면에서 비롯되는 문제였다. 2,000만 달러의 재산, 자기가 나오는 8만 8,000 제곱피트의 필름, 그리고 시카고 다운타운 바로 서쪽 옆에 위치한 자신의 TV 네트워크를 둘러보면서, 오프라 윈프리는 이렇게 말한다. "겉으로만 보면 나에게는 없는 것이 없다. 그건 나도 알고 있다. 사람들은 내가 TV에 나오니까 세상이 내 손바닥 위에 있는 줄로 안다. 하지만 나는 **나 자신**의 자기가치self-value와 정말 오랜 세월 동안 투쟁해왔다. 그리고 최근에야 겨우 화해하기 시작했다."[18]

정신적 고통의 내러티브는 성공담 전기를 변형시켜 "미완"의 자아가 등장하는 전기, 고통이 정체성의 구성요소가 되는 전기로 만든

---

[18] Randolph, Laura B., 1993, "Oprah Opens Up About Her Weight, Her Wedding, and Why She Withheld the Book," *Ebony*, October 48(12), p. 130.

다. 요컨대 새로운 치료학적 자서전에서 성공은 이야기를 끌어가는 동력이 아니다. 오히려 이야기를 끌어가는 동력은 세속적 성공을 누리는 중에도 자아가 망가질 수 있다는 가능성 바로 그것이다. 예를 들어 브룩 쉴즈Brooke Shields같은 젊고 인기 있는 여배우라 하더라도 산후우울증을 포함시킨다면 자서전을 쓸 수 있다.[19] 제인 폰다의 전기도 마찬가지다.[20] 감정의 드라마라고 하는 제인 폰다의 전기는 불행한 아동기로 시작해서(아버지는 차갑고 멀게 느껴졌다) 세 번의 결혼으로 이어진다(세 번 모두 실패로 끝났다). 『뉴욕타임스』에는 제인 폰다의 자서전에 대한 다음과 같은 야유 어린 서평이 실렸다.

> 폰다는 60년이라는 세월에 걸맞은 기나긴 이야기를 들려준다. 이 책은 잃어버린 자아들과 되찾은 자아들의 철저한 발굴 작업이다. 『지금까지 내 인생은』My Life So Far이라는 제목은 서정적인 제목이 아니다. 오히려 이 제목은 자신의 고통을 가공하고 자기 안의 마귀들을 몰아내는 음주의자 제인의 시시포스적的, 오프라적的 투쟁을 포착하고 있다. 이 책은 심리요법 은어 루프*로서 […] 폰다는 일단 자기 진정성을 빼앗기고 육체에서 이탈되었다고 느낀 다음,

---

[19]   Shields, Brooke, 2005, *Down Came the Rain: My Journey Through Postpartum Depression*, New York: Hyperion Press.
[20]   Fonda, Jane, 2005, *My Life so Far*, New York: Random House.
* 컴퓨터 프로그래밍에서, 루프란 어떤 조건에 도달할 때까지 계속하여 반복되는 일련의 명령문들을 말한다.

이어 자기 육체 속에 다시 들어가서 자기의 여성적 본능과 자기의 자궁과 자기 리더십과 자기 주름들과 자기 어머니가 자기의 것임을 "인정"하려 한다. 그러면 그녀의 "진정한 자아"가 출현한다고 한다.[21]

요컨대 권력 있고, 성공했고, 매력이 넘치는 세 여성의 전기들이 들려주는 이야기는 셋 다 내적 자아를 찾는 계속된 여정의 이야기, 감정생활과 투쟁하는 이야기, 마침내 정신이 자아를 구속하는 감정적 장애물로부터 해방되는 이야기다. 미셸 푸코가 『성의 역사』History of Sexuality에서 짧게 지적한 것처럼, 자아에 대한 배려를 건강과 관련된 의학적인 비유들로 표현하다 보니, 자아에 대한 배려가 오히려 자아란 교정시키고 변화시켜야 할 "병든" 존재라는 시각을 조장하게 되는 역설이 발생했다.[22]

자기계발 및 자아실현 내러티브는 본질적으로 기억의 내러티브, 곧 고통스러운 기억의 내러티브이다. 다시 말해 이 내러티브의 추진력은 고통의 기억을 환기함으로써 고통에서 벗어나야 한다는 명령이다. 이런 내러티브의 문화적 특성을 좀더 분명히 밝히기 위해서 대조적인 예를 인용해보겠다. 에이브럼 링컨Abraham Lincoln은 자기의 인생

---

21 Dowd, Maureen, 2005, "The Roles of a Lifetime," *The New York Times Book Review*, April 24, p. 13.
22 Foucault, Michel, 1994, "Le Souci de Soi," in *Histoire de la Sexualité: le souci de soi*, vol. 3, Paris: Gallimard.

에 대해서 이렇게 말했다. "내 어린 시절을 가지고 뭔가 이야기를 지어내려고 한다면 그것은 참으로 어리석은 짓이다. 내 어린 시절은 단 한 문장으로 압축될 수 있다. [······] 짧고 분명한 빈민층 연대기."[23] "어린 시절을 가지고" 온갖 것을 "지어내는" 것이 바로 치료 내러티브이며, 그런 의미에서 치료 내러티브는 링컨의 태도에 정면으로 배치된다. 또한 링컨은 가난을 의미로 장식하려 하지 않는 데 비해, 평범한 인생을 (은밀한 혹은 명백한) 고통의 표현으로 구성하는 것이 바로 치료 내러티브이다. 요컨대 치료 내러티브는 최근까지 미국 문화를 지배했던 자기희생과 금욕의 에토스에 정면으로 배치된다. 그렇다면 치료 내러티브가 대세가 된 작금의 상황은 어떻게 설명될 수 있을까?

치료 내러티브가 광범위한 문화적 반향을 불러일으켜온 데는 여러 가지 이유가 있었다.

(1) 치료 내러티브는 모순되는 감정들(예를 들면, 지나치게 사랑하거나 사랑이 부족하거나, 지나치게 공격적이거나 자기주장이 부족하거나)을 검토·해명한다. 곧 치료 내러티브는 마케팅에 있어 두 가지 점에서 담배에 비유될 수 있다. 첫째, 담배는 흡연자의 욕구와 비흡연자의 욕구를 동시에 만족시켜주기 위해 발명된 것 같은 상품이

---

23 Lincoln이 John L. Scripps에게 한 말, 1860, Center of the American Constitution. Temporary exhibit on Abraham Lincoln at the National Constitution Center, Philadelphia.

다. 둘째, 담배는 상표는 여러 가지인데 결국 다 똑같아 보이는 상품이다.

(2) 치료 내러티브는 종교 내러티브의 문화틀, 곧 과거지향적인 동시에 미래지향적인 시간 틀을 사용한다. 과거의 사건이면서도 여전히 사람들의 현재 삶에 영향을 미치는 사건을 다룬다는 점은 과거지향적인 반면, 미래의 구원(여기서는 감정건강)을 목표로 한다는 점은 미래지향적이다. 이런 점에서 볼 때, 치료 내러티브는 자아의 일관성과 연속성을 구축하고 삶의 단계들을 포괄할 수 있는 내러티브를 만들어내는 데 매우 효과적인 도구이다

(3) 치료 내러티브는 나를 내 정신적 행복psychic well-being의 책임자로 만들지만, 그 과정에서 윤리적 실책의 개념을 모두 제거한다. 요컨대 치료 내러티브는 내가 윤리적 개인주의, 변화와 자기발전이라는 문화 도식들 및 가치들을 동원하는 것을 가능하게 하는 한편으로, 이런 도식들 및 가치들이 작동되는 장소를 아동기와 결손 가정으로 설정함으로써 내가 불만족한 삶을 사는 것이 내 잘못이 아니라고 말해준다. 내가 불만족한 삶을 사는 것이 내 잘못이 아니라면, 아무 잘못 없이 불만족한 삶을 사는 사람들의 공동체가 만들어질 수도 있다. 데이비드 헬드David Held는 이를 "운명 공동체"라고 불렀는데, 이런 고통 공동체의 가장 좋은 예가 격려집단이다.

(4) 치료 내러티브는 그 자체가 일종의 수행이며, 그런 의미에서 한갓 이야기에 그치지 않는다. 곧 치료 내러티브가 경험을 이야기할 때 비로소 경험이 경험으로 재구성된다. 수행동사performative verb에서 말이 곧 행동인 것처럼, 격려집단이 제공하는 상징구조는 치유를 내러티브의 결말이자 목적으로 삼는 한편, 실제로 치유를 수행한다. 근대적 주체가 자기의 윤리적·사회적 능력을 가장 크게 실감하는 때는 자기변화를 경험하고 그러한 경험을 구성하는 때다.

(5) 치료 담론은 모방 가능하고 친척, 자녀의 자녀, 배우자에게 전파될 수 있다는 면에서 전염성이 있는 문화구조라고 할 수 있다. 예를 들어, 홀로코스트 희생자의 2세대·3세대들은 부모·조부모가 홀로코스트의 실제 희생자였다는 사실 덕에 이제 자기들의 격려집단을 만들 수 있다.[24] 이는 이들이 모종의 상징구조, 곧 자기들의 정체성을 치유가 필요한 병든 주체로 구성하는 상징구조를 차용하기 때문에 가능하다. 치료 내러티브는 이런 방식으로 혈연과 종족을 활성화할 수도 있다.

(6) 치료학적 전기물은 경제적 투자를 전혀 혹은 거의 필요로 하지 않는다는 점에서 이상적인 상품이라 할 만하다. 치료학적 전기물

---

[24] Kidron, Carol, 1999, "Amcha's Second Generation Holocaust Survivors: A Recursive Journey into the Past to Construct Wounded Carriers of Memory." Master's thesis, Hebrew University of Jerusalem.

이 필요로 하는 것은 딱 두 가지다. 하나는 독자가 주인공의 정신의 어두운 면들을 구석구석 엿볼 수 있어야 한다는 것이고, 또 허심탄회해야 한다는 것이다. 서사화한다는 것, 그리고 자기가 자기의 서사를 통해서 변화된다는 것 자체가 상품으로 생산·가공·유통된다. 이런 서사화 행위 및 이를 통한 변화의 경험을 생산·가공·유통하는 것이 바로 각종 전문가들(치료사, 정신과 의사, 기타 의사, 컨설턴트 등)과 각종 매체(여성잡지, 남성잡지, 토크쇼, 라디오 전화연결 프로그램 등)이다.

(7) 마지막으로 가장 중요한 점을 지적하자면, 치료 내러티브가 출현한 배경에는 각종 권리 개념들이 지배하는 문화가 개인을 둘러싸고 있다는 사실과, 개인들과 집단들이 점점 "인정"—내 고통에 대한 각종 제도들의 승인 및 배상—을 요구하게 되었다는 사실이 있었다.

치료 내러티브는 시민사회에 팽배한 권리 언어와 시장이 만나는 미묘하고 갈등으로 가득하고 불안정한 지점에 자리 잡고 있다. 흔히 희생자 숭배cult of victimhood 혹은 불평 문화라고 일컫는 현상의 핵심에 있는 것이 바로 치료 내러티브이다. 예를 들어 법학자 앨런 더쇼비츠 Alan Dershowitz는 "낮 시간대에 TV를 틀면 어느 채널이나 울먹이는 남녀들로 가득하다. 그들은 자기가 과거에 당했던 학대를 들먹임으로써 (진짜 당했는지 당했다고 생각하는 것인지는 모르지만) 자신의 실패한 인생을 정당화한다"[25]라며 개탄한다. 예술비평가 로버트 휴즈

Robert Hughes의 주장도 이와 비슷하다. "우리의 문화는 점점 고백적인 문화가 되고 있다. 여기서는 **고통의 민주주의**가 위력을 떨친다. 모두가 부자인 것도 아니고 모두가 유명한 것도 아니지만 고통받는 것은 모두 마찬가지이다."[26] 이러한 경향은 철학적 사유에서도 드러난다. 지젝Slavoj Žižek은 이러한 상황을 리처드 로티Richard Rorty의 논의를 토대로 요약하고 있다. 지젝은 로티가 정의하는 인간은 "고통을 겪을 수 있는 존재, 그리고 (인간은 상징적 동물이니) 자신의 고통을 서사화할 수 있는 존재"라고 요약한다. 이어서 지젝은, 인간을 잠재적 희생자로 볼 때 "인간의 기본적 권리는, 호미 바바Homhi Bhaba의 말대로, 서사화할 권리, 곧 내 이야기를 들려줄 권리, 내 고통을 표현할 수 있는 특별한 내러티브를 정식화할 권리"라고 덧붙인다."[27]

대중문화와 고급문화를 막론하고 자기정체성을 정의할 때 핵심이 되는 것이 바로 고통인데, 이는 1980년대 이후 시기의 가장 역설적인 현상 중 한 가지와 관련되어 있다. 곧 한편으로는 자립적 개인주의 담론이 위세를 떨치며 그 어느 때보다 광범위한 영향력과 헤게모니를 확보하게 되었지만, 다른 한편으로는 내 고통을 표현·구현해

---

25   Dershowitz, A., 1994, The Abuse Excuse: And Other Cop-outs, Sob Stories, and Evasions of Responsibility, Boston, MA: Little, Brown & Co., p. 5.
26   Moore, B., 1972, *Reflections on the Causes of Human Misery and Upon Certain Proposals to Eliminate Them*, Boston, MA: Beacon Press, p. 17에서 인용.
27   Žižek, Slavoj & Glyn Daly, 2004, *Conversations with Žižek*, Cambridge: Polity, p. 141.

야 한다는 요구 또한 어디서나—격려집단, 토크쇼, 치료학, 법정, 친밀한 관계 등을 불문하고—집요하게 나타났다. 어떻게 이런 내러티브가 나를 표현하고 자아를 보유하고 정서들을 보유·표현하는 일차적인 방식이 된 것일까?

자아실현에의 요구와 고통당했다는 주장은 둘 다 제도화된 형식으로 봐야 한다. 생각을 가지고 행동을 이끌기 위해서는 제도적 기반이 필요하기 때문이다. 나는 자아란 고도로 제도화된 형식이라는 가정하에 논의를 진행하고 있다.²⁸ 어떤 내러티브가 자아 구성에서 기본 도식으로 사용되기 위해서는 상당한 문화제도적 반향을 불러일으켜야 한다. 다시 말해 이 내러티브는 국가 또는 시장처럼 다량의 문화적·사회적 자원을 지배하는 제도들 내에서 통상적으로 작동되는 것이어야 한다. 역으로, 자아 내러티브 같은 인지적 전형cognitive typification은 제도가 사고 틀에 "퇴적"된 것이라고 봐야 한다.²⁹

치료학이 미국문화 안에 정착하는 데 영향을 미쳤던 최초의 제도적 거점은 국가였다(국가의 영향이 가장 컸으리라 짐작된다). 국가가 치료 담론을 다량으로 차용했던 것은 사회적응 및 복지후생 문제에 관심이 높았던 전후 분위기와 관련이 있었다.³⁰ 이러한 관심은 1946

28 Meyer, John W., 1986, "The Self and the Life Course: Institutionalization and Its Effects," in A. B. Sørensen, F. E. Weinert & Lonnie R. Sherrod (eds.), *Human Development and the Life Course: Multidisciplinary Perspectives*, Hillsdale, NJ: LEA, p. 206.

29 DiMaggio, Paul, 1997, "Culture and Cognition," *Annual Review of Sociology*, 23: 263~287.

년 국민정신건강협회National Institute of Mental Health의 창설로 구체화되었다. 협회의 자금은 창설 후에 어마어마하게 불어났다. 1950년 예산이 870만 달러였던 데 비해, 1967년 예산은 3억 1,500만 달러였다. 심리학적 건강 및 심리학 서비스에 보편적 가치와 효용이 있다고 간주되었음을 말해주는 변화였다. 이와 같은 엄청난 성장은 국가가 사회복지, 교도 프로그램, 교육, 재판 등 각종 공무에서 치료학을 사용하는 빈도가 높아졌다는 사실과 관계가 있었다. 실제로 미셸 푸코와 존 마이어John Meyer는 둘 다 근대국가가 개인의 문화적 구상과 윤리적 시각을 중심으로 국가권력을 조직했다고 주장해왔다(푸코와 마이어의 논의는 방법은 다르지만 내용은 일치한다). 심리학 담론은 개인주의에서 가장 핵심적인 모델 중 하나가 되었고, 국가는 이를 차용·유포했다.[31] 마이어 일파가 주장하듯이, 이런 모델들은 교육, 비즈니스, 과학, 정치, 국제업무 등 다양한 영역의 아젠다 및 국가 개입 사례에서 발견된다. 이렇듯 국가는 인간의 문제에 대한 치료학적 구성 방식을 확대하는 데 가장 큰 영향력을 발휘했던 작용주체이다. 그러나 국가가 유일한 작용주체였던 것은 아니었다. 시민사회 내의 여러 작용주체들도 국가와 더불어 치료 내러티브를 유포시켜왔다.

---

[30] Herman, Ellen, 1995, *The Romance of American Psychology: Political Culture in the Age of Experts*, Berkeley: University of California Press, p. 241; 정신건강에 대한 이러한 관심을 보여주는 사례로, 재향군인관리국Veterans Administration 등 몇몇 연방기관들이 새로운 정신건강 프로그램을 채택하는 데 열심이었다는 사실을 들 수 있다.

[31] Meyer, John, 1997, "World Society and the Nation State," *American Journal of Sociology*, 103(1): 144~181.

페미니즘은 치료 담론을 차용했던 주요 정치·문화 구성체 가운데 하나였다. 페미니즘이 치료 담론을 차용한 시기는 각각 1920년대, 1960년대, 그리고 1980년대였다. 1960년대에는 섹슈얼리티를 해방의 거점으로 삼으면서 치료 담론을 강도 높게 차용했고(1장 참고), 이후 1980년대에는 가부장적 가정이 아동학대의 문제를 악화시키는 것을 비판하면서 치료 담론을 사용했다. 피학대 아동의 보호를 활용함으로써 페미니즘은 가정과 가부장제를 비판할 새로운 전술을 치료학에서 발견했다. 이는 "아동학대"라는 범주가 페미니즘으로 하여금 광범위하고 보편적인 호소력을 발휘하는 문화 범주―예를 들면 아동이라는 범주―를 동원하게 해주었기 때문인 것으로 보인다.

아동학대를 가장 강력하게 비판했던 페미니스트 가운데 하나가 앨리스 밀러Alice Miller였다. 밀러는 광범위한 영향력을 발휘했던 자신의 저서 『재능 있는 아이의 드라마』The Drama of the Gifted Child에서, 치료 논리에 따라, 학대당하는 아이의 정신은 참을 수 없는 고통을 피하고 살아남기 위해 학대의 경험을 의식의 외부에 저장하는 놀라운 메커니즘―"억압"의 "재능"―을 작동시킬 수 있다고 말한다.[32] 곧 밀러는 트라우마를 인생 내러티브의 핵심으로 보았으며, 학대당한 아이들이나 방치된 아이들이 성인들과 달리 자신을 트라우마의 희생자로 느끼지 않는다는 사실을 억압 개념을 통해 설명했다. 한편 밀러는, 인본주의 내러티브에서와 비슷하게, 진정성을 자아가 추구해야

---

[32] Miller, Alice, 1981, *The Drama of the Gifted Child*, New York: Basic Books.

하는 참된 문제라고 간주했다. 또한 밀러는, 치료 논리에 따라, 정신적 문제를 세대에서 세대로 전해지는 문제라고 생각했다. 예를 들어 밀러는 "자식을 학대하는 사람은 어떤 식으로든 아동기에 심각한 트라우마가 생겼던 사람이다"라고 주장했다.[33] 페미니스트들이 트라우마 범주를 사용한 목적은, 가족을 비판하고, 아동을 보호하고, 새로운 법률을 제정하고, 남성이 여성과 아동에 가하는 폭력에 대항하기 위해서였다. 하지만 페미니스트들이 가정에 대한 정치적 비판을 확장하고 "감정적 손해"emotional damage라는 범주를 무작위로 차용하다 보니, 심리학의 언어에 점점 의존하게 되는 것은 불가피한 일이었다.

치료 내러티브 보급에 앞장섰던 세번째 집단은 베트남전에 참전했던 재향군인들이었다. 이들이 트라우마 범주를 사용했던 것은 사회적·윤리적 편익을 제공받기 위해서였다. 1980년에 미국정신의학회American Psychiatric Association가 트라우마 범주를 공식 인정했다.

> 외상후스트레스장애PTSD의 인증은 부분적으로는 베트남전에 참전했던 재향군인들을 대변하는 정신건강 복지사들과 무급 활동가들의 강도 높은 로비활동의 결과였다. 의견이 갈리고 전쟁에 지쳤던 미국의 대중은 재향군인들에 대해 양면적 태도를 보였는데, 이런 상황에서 PTSD 진단은 재향군인들의 심리적 고통에 가치를 부여했다는 의미가 있었다. PTSD는 그들의 곤혹스러운 징후 및 행위의

---

[33] Miller, Alice, 1990, *Banished Knowledge: Facing Childhood Injuries*, New York: Anchor Books.

원인을 구체적인 외부 사건으로 돌렸으며, 개별 재향군인들에게 정신질환의 오명을 없애줄 것을 약속했고, (적어도 이론상으로는) 공감, 의사의 치료, 보상을 보장했다.[34]

PTSD는 치료 담론의 제도적·인식론적 논리를 따랐으며, 이로써 강간, 테러공격, 사고, 범죄 등 온갖 사태들에 점점 널리 적용되어 갔다.

마지막으로, 정신 고통의 전장에 발을 들여놓은 작용주체이자 가장 주목을 요하는 작용주체는 제약회사와 DSM이었다. 이들은 정신건강 장field에 괄목할 만한 시장 동력을 제공했다. DSM은 1954년에 출판된 진단 편람으로, 진단과 처방 간의 관계를 좀더 긴밀하게 함으로써 보험회사를 비롯한 지불주체들이 배상문제를 좀더 효율적으로 처리할 수 있도록 한다는 취지로 만들어졌다. 정신건강 임상의사들이 대부분 DSM을 사용하고 있을 뿐 아니라 "주州 의회, 규제 기관, 법원, 인허가 당국, 보험회사, 아동복지 당국, 경찰 등"[35]도 DSM 사용률을 높여가고 있다. 병리를 코드별로 분류한 배경에는 정신건강과 보험 간의 관계가 점점 밀접해졌다는 사실이 있었다. 보험급여 지불요구를 코드번호로 목록화하는 DSM은 정신건강 전문가와 메디케

---

[34] Micale, Mark S. & Paul Lerner (eds.), 2001, *Traumatic Pasts: History, Psychiatry, and Trauma in the Modern Age, 1870~1930*, New York: Cambridge University Press, p. 2.

[35] Ibid., p. 261.

이드Medicaid, 사회보장 소득보상Social Security Disability Income, 퇴역군인 복리후생 프로그램, 메디케어Medicare 같은 대규모 지불기관 사이를 연결하는 다리이다.[36] 쿠친Herd Kutchin과 커크Stuart A. Kirk의 표현을 빌리자면, "DSM은 보험급여를 지칭하는 심리치료사의 암구호다."[37]

내가 보기에는, DSM의 여러 버전(특히 DSM III)의 가장 큰 문화적 파급효과는 정신 장애라고 정의되는 행위의 범위를 크게 확장시켰다는 것이었다. 예를 들어 DSM III를 보면, "적대 장애"(코드번호 313.81)—"권위인물authority figure에 대한 불복종적, 반항적, 도발적 적대 패턴"[38]—혹은 "히스테리성 인격장애"(코드번호 301.50)—"쾌활하고 연극적이며 항상 타인의 주목을 끈다"[39]—혹은 "회피성 인격장애"(코드번호 301.82)—"잠재적 거부, 모욕, 수치에 과민한 성향, 자기를 비판 없이 받아들일 것이라는 확실한 보장이 없을 경우 관계를 꺼리는 성향"[40]—등이 정신 장애로 정의되어 있다. 이런 예만 보더라도 DSM이 정신질환의 범주를 얼마나 폭넓게 확장했는가를 알 수 있다. DSM은 여러 이익집단들의 이해관계에 부합하는 것이었다. 특히 정신건강 영역에 대한 규제가 강화되기를 바라는 각종 임상 관련자

---

36   Ibid., p. 12.
37   Kutchins, Herb & Stuart A. Kirk, 1997, *Making Us Crazy: DSM: The Psychiatric Bible and the Creation of Mental Disorders*, New York: The Free Press, p. 17.
38   *Diagnostic and Statistical Manual of Mental Disorders (DSM III)*, 1980, 3rd edn, Washington, DC: American Psychiatric Association, p. 63.
39   Ibid, p. 313.
40   Ibid, p. 323.

들―정신과 의사, 임상 심리학자, 사회복지사―과 보험회사들, 그리고 감정질환 및 정신질환 시장에 눈독을 들이던 제약회사들이 DSM 제작으로 이득을 보았다. 제약회사들은 정신과용 의약품을 처방받는 정신병리들이 많아질 때 가장 큰 이득을 얻는다.[41] "제약회사 입장에서 보면, 라벨이 붙어 있지 않은 사람들은 거대한 잠재 시장이요, 정신질환을 퍼올릴 미개척 알래스카 유전이다."[42] 요컨대 DSM이 의도한 것이든 아니든 DSM 덕분에 새로운 정신 영역 및 소비 영역이 라벨화·차트화 될 수 있었으며, 이러한 라벨화·차트화 덕분에 제약회사들의 시장이 확장될 수 있었다.

내가 보기에 지금 우리는 브루노 라투르Bruno Latour와 미셸 칼롱 Michel Callon이 말하는 이른바 "번역 과정"의 대표적 사례를 보고 있다. 라투르와 칼롱에 따르면, 개인적·집단적 작용주체들은 자기 언어, 자기 문제, 자기 정체성, 자기 이해관계를 계속해서 다른 언어, 다른 문제, 다른 정체성, 다른 이해관계로 번역한다.[43] 페미니스트, 심리학자, 국가와 국가에 고용된 사회복지 공무원, 정신건강 분야의 교수,

---

[41] Kutchins & Kirk, *Making Us Crazy*, p. 247. DSM에 대한 논의는 상당 부분 이 책에 토대를 두고 있다. 혹자의 주장에 따르면, DSM이 새로운 국면을 맞는 데에 몇몇 제약회사들이 직접 기여했다.

[42] Ibid., p. 13.

[43] 그들의 연구 중 하나를 보자면, 위생학자들은 파스퇴르의 미생물 이론을 지지했는데, 그 이유는 이 이론이 건강에 해로운 시설과의 싸움을 정당화해주었기 때문이다. Latour, Bruno, 1988, *The Pasteurization of France*, Cambridge, MA: Harvard University Press; Callon, Michele, 1986, "Some Elements of a Sociology of Translation," in John Law (ed.), *Power, Action and Belief*, London: Routledge & Kegan Paul, pp. 196~233.

보험회사, 제약회사 등이 치료 내러티브를 "번역"한 이유는, 이런 작용주체들이 (각기 다른 이유에서) 자아를 병리로 정의하는 내러티브, 곧 사실상의 질병 내러티브를 판촉·확산함으로써 막대한 이득을 얻을 수 있기 때문이다. 회복은 이 새로운 장field에서 판촉·판매하는 주요 상품인데, 회복되기 위해서는 우선 병에 걸려야 하니 말이다. 요컨대 이런 작용주체들은 한편으로는 건강, 자기계발, 자아실현을 판촉하면서, 다른 한편으로는 부득이 정신적 문제의 영역을 조성·확대할 수밖에 없었다. 바꾸어 말해서, 치료학적 자기계발 내러티브는 구조주의보다는 후기구조주의에 가깝다. 구조주의자라면 자기개발과 "질병"을 개념적 대립 쌍으로 보겠지만, 자기계발을 판촉하는 내러티브와 질병 및 정신적 고통 내러티브는 **동일한** 내러티브이다. 문화 도식들은 새로운 상황으로 확장·이전될 수 있다. 그 덕분에 페미니스트, 퇴역군인, 판사, 공무원, 정신건강 전문가는 자아를 구성함에 있어 똑같은 질병과 자기계발 도식을 차용·번역했고, 이로써 자아실현 내러티브는 그야말로 데리다적的 존재물—내러티브에서 배제exclusion시키고자 하는 것들, 곧 질병·고통·아픔을 봉쇄containment하는 동시에 재연enactment하는 존재물—이 되었다.

필립 리프Philip Rieff, 로버트 벨라Robert Bellah, 크리스토퍼 래시Christopher Lash, 필립 커시먼Philip Cushman, 엘리 자레츠키Eli Zaretsky 등 많은 사람들이 치료학 에토스가 자아를 탈제도화시킨다는 요지의 테제를 내놓았다. 하지만 나는 이런 테제에 회의적이다. 오히려 치료학 에토스는 지금까지 존재했던 어느 문화형식보다 제도화되어 있다.

또한 내 주장은 푸코의 주장과는 반대로, 치료 내러티브가 쾌락을 산출하는 것이 아니라 갖가지 종류의 고통을 산출한다는 것이다. 푸코의 주장에 따르면, "우리는 다른 종류의 쾌락—쾌락의 진의에서 얻는 쾌락, 그 진의를 아는 쾌락, 그것을 발견하고 보여주는 쾌락—을 발명했다."[44] 그러나 치료 내러티브는 갖가지 종류의 고통을 산출해왔다. 곧 우리는 인류학자 리처드 슈베더Richard Schweder의 다음과 같은 주장에 전적으로 동의할 수 있다. "〔하나의 집단에 속하는〕사람들이 공유하는 고통 표상들은 표상되는 고통의 일부일 수 있다. 마찬가지로, 사람들이 공유하는 고통 원인론은 고통 원인론에 의해 설명되는 고통을 일부 야기한다."[45] 바꾸어 말해서, 고통을 경감시켜주는 것으로 되어 있는 심리학이 아이러니하게도 적잖은 고통을 창출하고 있는데, 이런 일이 생기는 이유는, 첫째로 심리학의 주요 사명이 건강과 자아실현이라는 막연한 이상에 의지해 갖가지 종류의 정신적 고통을 덜어주는 것이었기 때문이고, 둘째로 치료학이라는 설득 담론이 사실상 개인적 고통의 기억을 창출하는 데 기여했기 때문이다. 이런 유의 고통을 그것이 자기이해 및 자기계발 기획과 뒤얽혀 있다는 이유만으로 쾌락으로 포섭하는 것은 윤리적·인식론적으로 옳지 않은 일이라고 생각된다.

---

44   Foucault, Michel, 1990, *The History of Sexuality: An Introduction*, New York: Vintage, p. 71.

45   Schweder, Richard A., 1988, "Suffering in Style," *Culture, Medicine and Psychiatry* 12(4): 479~497에서 p. 488 참고.

이 절의 내용을 요약해보겠다. 고통 내러티브와 자기계발 내러티브는 분리될 수 없으며, 서로 모순되는 수많은 끈으로 연결되어 있다. 인권 영역의 확장(아동인권, 여성 섹슈얼리티 등), 제약회사들에 의한 정신건강의 상업화, 보험회사들에 의한 심리학 관련 직업의 단속, 국가 개입의 확대(사적 영역에서 공적 영역까지 다양한 종류의 영역에서 국가가 교육자를 자처한다) 등 이런 온갖 끈들로 구성되어 있는 은밀한 동력을 분석한 후에야 비로소 우리는 희생자 내러티브가 어떻게 이토록 폭넓은 영향력을 행사하게 되었는지, 이런 내러티브가 왜 자기계발 내러티브와 무리 없이 공존하고 있는지를 이해할 수 있다.

감정 장, 감정 아비투스

이런 여러 작용주체들이 한데 모여 모종의 작용 영역을 창출했다. 정신건강과 감정건강이 일차산품으로 유통되는 이 영역을 감정 장이라고 부를 수도 있으리라. 다시 말해 감정 장이란, 사회생활의 한 영역, 곧 국가, 학계, 각종 문화산업, 국가와 대학이 인가한 전문가 집단, 대규모 의약 및 대중문화 시장 등이 이리저리 교차함으로써 창출되는 모종의 작용·담론 영역을 가리키며, 그 나름의 규칙과 대상과 경계를 갖고 있다. 심리학의 여러 학파들이 서로 경쟁하고, 정신의학과 심리학 또한 경쟁관계지만, 그럼에도 불구하고 이런 경쟁자들 사이에는 궁극적인 합의점이 존재한다. 감정생활을 관리와 조절을 필요로 하는 어떤 것으로 정의한다는 점과, 감정생활을 점점 확장되고 있는 건강의 이상에 따라서 규제한다는 점이 바로 그것이다. 각종 사회적·제도적 작용주체들이 자아실현, 건강, 병리를 정의하기 위해 경쟁함에 따라, 감정건강은 여러 사회적·경제적 거점들로 구성되는 하나의 장field에서 생산, 유통, 재활용되는 새로운 상품이 되었다. 고통 내러티브는 정신건강의 장에 자리 잡은 여러 작용주체들의 특별한 수렴의 결과라고 보아야 할 것이다.

부르디외Pierre Bourdieu가 설명하듯이, 장을 형성하는 힘은 아비투스 메커니즘, 곧 "작인들의 내면으로부터 작동되는 구조화 메커니즘"이다.[46] 감정 장이 작동하는 방식은 크게 두 가지다. 병리의 영역을 구축·확대하는 것과 감정건강의 영역을 상품화하는 것이 하나이고, 이른바 감정능력이라는 새로운 형태의 사회능력에 대한 접근권을 규제하는 것이 또 하나다. 곧 문화 장이 문화능력 – 문화물과 관계할 때 내가 상층계급에 의해 승인된 고급문화에 정통해 있다는 것을 알릴 수 있는 능력 – 에 의해 구조화되는 것과 마찬가지로, 감정 장은 감정능력 – 심리학자들이 정의·판촉하는 감정양식을 보여줄 수 있는 능력 – 에 의해 규제된다.

문화능력과 마찬가지로, 감정능력은 직업상의 출세 또는 사회자

---

[46] Bourdieu, Pierre & Loïc Wacquant, 1992, *An Invitation to Reflexive Sociology*, Chicago: University of Chicago Press.

본 같은 사회적 편익으로 번역 가능하다. 실제로 특정한 문화행위가 자본이 되려면 경제적·사회적 편익으로 전환될 수 있어야 한다(여기서 경제적·사회적 편익이란, 작인들이 해당 장에서의 승부에 사용할 수 있는 어떤 것, 작인들에게 자격을 부여하거나 작인들로부터 자격을 박탈하는 어떤 것, 작인들로 하여금 해당 장에서의 결정적 승리를 획득하게 해주는 어떤 것을 말한다).[47] 감정자본이 아비투스를 동원하는 정도는 전통적인 문화자본―예를 들면 포도주 감별 능력이나 고급문화에 정통해 있는 것 등―보다도 강하다. 곧 감정자본은 아비투스에서 가장 덜 반성적인 측면들을 동원한다. 다시 말해 감정자본이란 "오래 지속되는 몸/마음의 성향"으로 존재하며, 구체화된 형태의 문화자본 중에서도 가장 "구체화"된 형태이다.[48]

미국 맥락에서 볼 때, 감정능력이 가장 형식화되어 있는 곳은 직장, 특히 직장 내 인성검사이다(인성검사는 미국 회사에서 사원 채용 제도로 정착되어 있다). 인성검사와 감정의 관계는 학력검사와 문화자본의 관계와 같다. 다시 말해 인성검사는 특정한 감정양식을 승인·정당화·보증하는 방식인데, 이 특정한 감정양식은 정신분석학이라는 설득 담론에 의해서 구성되어왔다. 인성연구 분야의 두 전문가

---

[47] Bourdieu, Pierre, 1979, *La Distinction: Critique sociale du jugement*, Paris: Editions de Minuit.

[48] Bourdieu, Pierre, 1986, "The Forms of Capital," in John G. Richardson (ed.), *Handbook of Theory and Research for the Sociology of Education*, New York: Greenwood Press, pp. 241~258에서 p. 243 참고.

인 월시Bruce Walsh와 베츠Nancy Betz가 주장하듯이, "정신분석학의 개념들, 그리고 정신분석학 자체가 인성평가 과정에 꽤 심도 깊은 영향을 미쳐왔다."[49] 바꾸어 말하면, 인성검사의 취지는 정신분석학의 취지와 완전히 달라 보이지만, 그럼에도 불구하고 정신분석학의 개념들이 인성평가 및 감정평가가 채용 및 업무평가의 도구로 자리잡는 데 중요한 역할을 했다는 사실은 부인할 수 없다. 감정행위가 경제행위의 중추가 되다 보니, 1990년대에 감정지능 개념이 처음 출현했을 무렵, 미국 회사들은 열광적인 반응을 나타냈다. 감정행위를 등급화할 형식적인 도구들이 고안되고 감정능력 개념이 정교해지는 현상은 20세기 내내 점점 심화되었는데, 이러한 현상을 공식화하는 데 일조했던 것이 바로 임상심리학을 배운 저널리스트였던 대니얼 골먼Daniel Goleman의 저서 『감정지능』Emotional Intelligence이었다. 거의 이 한 권의 책이 하룻밤 사이에 감정지능 개념을 미국 문화의 핵심 개념으로 만들었다지만, 감정능력이 성숙한 자아의 핵심적 특질이라는 생각이 임상심리학에 의해 이미 주입되어 당연하게 여겨지던 상황이 아니었더라면, 그런 일은 있을 수 없었을 것이다. 감정지능(EI)이란, "사회지능의 한 유형으로서, 자기와 다른 사람들의 감정을 점검하고, 감정 간의 차이를 식별하며, 이렇게 얻어진 정보를 활용해 자신의 사고와 행동을 결정하는 능력이다."[50] 감정지능에 속하는 능력은 자기인식,

---

49 Walsh, Bruce & Nancy Betz, 1985, *Tests and Assessments*, Englewood Cliffs, NJ: Prentice Hall, p. 110.

감정관리, 동기부여, 감정이입, 관계조율이라는 다섯 가지 범주로 구분될 수 있다. 감정지능 개념을 토대로, 사람들은 심리학자들이 대규모로 변화시켜놓은 사회와 문화의 새로운 특징들을 가늠할 수 있었고, 이로써 사람들을 등급화할 새로운 방식들을 고안할 수 있었다.

감정지능 개념은 등급화의 도구이며,[51] IQ처럼 EI 역시 직책, 승진, 책임으로 번역된다. EI가 여러 사회집단들을 계층화할 수 있는 것은 바로 이런 단순한 이유에서이다. IQ가 군대와 직장에서 생산성 증대를 목적으로 사람들을 등급화하는 데 사용되었던 것과 마찬가지로, EI는 (이번에는 인지기술 대신 감정기술을 기준으로) 생산성이 높은 직원과 낮은 직원을 등급화하는 방법으로 단기간에 자리를 잡았다. 직장 내 등급화 도구로 전환되어, 실적 관리·예측·견인에 이용된 것이다. 이런 방식으로 감정지능 개념은 감정 통약 과정(1장에서 논의)을 극단화하고, 감정을 서열화·등급화·계량화의 대상으로 범주화한다. 다음의 비즈니스 관련 글을 예로 들어 보자. 이 글의 주장에 따르면, "한 다국적 컨설팅 회사에서는 경력사원 평가에서 EI 능력과 그 밖에 세 가지 능력을 측정했다. 20점 만점에 평균 9점을 넘긴 사원들은 다른 사원들에 비해 120만 달러 높은 수익 —139% 추가 수익—

---

50   Mayer, J. D. & P. Salovey, 1993, "The intelligence of emotional intelligence," *Intelligence*, 17: 433~442에서 p. 433 참고; 또한, Salovey, Peter & John D. Mayer, 1990, "Emotional Intelligence," Imagination, Cognition, and Personality, 9: 185~211 참고.

51   Fass, Paula S, 1980, "The IQ: A Cultural and Historical Framework," *American Journal of Education* 4: 431~458.

을 올렸다."[52]

각종 자격증이 출현함에 따라 지능 개념을 중심으로 하는 새로운 등급화의 형식들 및 도구들이 나타나고, 이 과정에서 만들어진 그 유명한 IQ가 여러 사회적 지위를 계층화·서열화하는 방식으로 사용되었던 것과 마찬가지로, 감정 자본주의라는 것이 출현함에 따라 감정 지능 개념이 생겨나고 새로운 계층화·차별화의 형태들이 도입된다. 인성과 감정을 사회적 등급화의 새로운 형태로 만듦으로써 심리학자들은 감정양식을 사회적 통화social currency—자본—로 만드는 데 기여했을 뿐 아니라, 그러한 자본을 손에 넣는 데 필요한 새로운 자아됨의 언어를 접합했다. 예를 들어보자.

로레알에서 모종의 감정능력을 토대로 선발된 판매직원들은 기존의 절차에 의해서 선발된 외판원들보다 높은 성과를 냈다. 감정능력을 토대로 선발된 외판원들은 다른 외판원들에 비해 9만 1,370달러 높은 실적을 냈고, 이로써 순매출이 255만 8,360달러 증가했다. 또한 감정능력을 토대로 선발된 외판원들은 전형적인 방식으로 선발된 외판원들에 비해 입사 1년 내 이직률이 63% 낮았다.[53]

이 사례는 감정능력이 실제로 채용 및 승진의 공식적 기준이 되었음

[52] Cherniss Cary, "The Business Case for Emotional Intelligence" http://www.eiconsortium.org/research/business_case_for_ei.htm
[53] http://www.managementconnection.com/resilence_ei_business_case.html

을 보여줄 뿐 아니라, 감정적 자본이 금전적 자본으로 전환될 수 있음을 보여준다는 점에서 시사하는 바가 크다.

이렇듯 감정지능은 자아수행을 경제적 수행의 핵심으로 하는 경제에서 요구되는 능력일 뿐 아니라 심리학자들의 강도 높은 전문화 과정의 결과이기도 하다. 다시 말해, 역사적으로 심리학자들은 감정생활을 정의하고 규제할 자격을 독점해왔으며, 이로써 감정생활을 장악하고 관리하고 계량하기 위한 새로운 척도를 세워왔다. 높은 감정지능은 감정관리를 관장하는 전문직 계급―특히 신흥 중간계급―의 특권으로 자리 잡았으며, 임상 심리학자들은 감정능력을 결정하는 인지 기술 및 감정 기술에서 최고의 실력을 자랑한다. 감정지능에는 특히 중간에 위치한 (다시 말해, 관리하는 동시에 관리받는) 신흥 중간계급의 감정양식 및 감정성향이 잘 반영되어 있다(이 계급은 신중한 자기관리를 필요로 하는 직업에 종사하며, 협업 의존도가 높고, 자아를 창조적인 동시에 생산적인 방식으로 활용해야 하는 계급이다). 요컨대 감정지능이란 아비투스의 한 형태로서, 감정지능으로 획득할 수 있는 자본은 문화자본과 사회자본 사이의 경계선에 있는 자본이다. 감정지능이 문화적인 것은 부르디외가 (이론화까지는 못했지만) 어렴풋이 제안한 것처럼, 문화평가의 양태와 규범이 모종의 감정양식 내지 정조tonality를 포함하기 때문이다(부르디외가 "거리 두기"detachment나 "참여적 동일시"participatory identification라 지칭한 것을 생각해보라). 곧 나의 문화적 취향과 마찬가지로 나의 감정적 태도와 양식이 나의 사회적 정체성을 정의하는 것이다.[54] 한편 감정지능이 사회적인 것은 감정이 사회적 상호작용을 작동시키고 변형시키는 데 사용되는 원료 자체이기 때문이다. 요컨대 문화자본이 신분 기호의 핵심이라면 감정양식은 네트워크 마련(강한 네트워크와 약한 네트워크가 모두 포함된다)과 사회자본 축적(곧 사회학 용어로, 개인적인 관계가 승진이나 재산증식 같은 자본의 형태로 전환되는 방식들을 가리킨다)의 핵심이다.[55] 특정한 형태의 자본주의하에서는 이런 유의 자본이 특히 중요한 의미를 띠는데, 뤽 볼탄스키Luc Boltanski는 그런 자본주의를 인맥 자본주의라고 지칭한다. 볼탄스키의 설명을 빌리면, 인맥 자본주의하에서는 지배계급의 계급 아비투스가 더 이상 지배계급의 통찰력에 의존할 수 없다. 이런 아비투스는 나와 지리적으로뿐 아니라 사회적으로도 동떨어져 있는 사람들 사이에서 관계를 수립하는 법을 알고 있어야 한다.[56]

심리학의 화용론

여기서 분석을 마칠 수도 있다. 그리고 사회는 사회적 갈등으로

---

[54] 문화자본을 "고급문화"라고 지칭되는 기성의 예술품 일체에 대한 접근권이라고 보는 한(적어도 부르디외는 그렇게 보는데), 감정지능은 문화자본의 하위범주라고 할 수 없다.

[55] Portes, Alejandro, 1998, "Social Capital: Its Origins and Applications in Modern Sociology," *Annual Review of Sociology*, 24: 1∼24.

[56] Boltanski, Luc and Eve Chapiello, 1999, *Le nouvel esprit du capitalisme*, Paris: Gallimard, p. 176.

이루어져 있고 각각의 사회 장social field을 좌우하는 결정적 요소는 (부르디외가 끊임없이 주장하듯) 자의적이라는 구성주의적인 결론에 만족할 수도 있다. 그러나 나로서는 구성주의적 계기에서 분석을 종결하는 것이 불충분하다고 생각된다. 그러니 실용주의pragmatism의 방법론을 따라 어째서 어떤 의미들이 "쓸모"가 있는지를 질문하자. 어떤 담론이 유용한 것은 그 담론을 신뢰하고 사용하는 사람들을 위해 뭔가를 해주기 때문이다. 곧 어떤 담론이 사람들의 일상 생활에서 "쓸모"가 있는 뭔가를 "해준다"고 하면 그 담론은 계속 사용되고 유통될 것이다. 요컨대 우리가 던져야 할 질문은 치료학적 감정능력이 무엇을 해주냐는 것이다.

친밀한 관계―연인, 부부, 자녀를 포함―는 사람들이 행복을 얻게 해주는 문화적·사회적 자원일 뿐 아니라 **그 나름의 가치를 지니는 행동 및 의미 영역**이다. 그렇다면 그런 행복의 영역들에 들어가는 것을 허용하는 문화적·상징적 형식들에 대해 알아보자. 이러한 탐구는 지배 사회학의 관습적 패러다임과는 배치된다(이 관습적 패러다임은 자본이 경쟁의 장에서 취하는 다양한 형태를 다루면서, 행복이나 가족을 나름의 가치를 지니는 재화로 보는 것을 불편해 한다). 예를 들어 부르디외의 사회재생산 이론은 가족을 최종적으로 사회구조에 종속되는 제도로 다룬다. 상징재생산 이론에서 가족은 인생의 초반에 눈에 보이지 않는 성향들―이러한 성향은 나중에 사회적 투쟁이 벌어지는 경쟁 장들에서 실용적 선택으로 전환된다―을 주입하는 제도이다. 그러나 마이클 왈처Michael Walzer[57]나 수전 오킨Susan Okin 같은 페미니스트 이론가들이 매우 설득력 있게 주장한 것처럼, 정의justice의 이론은 각각의 생활 영역들의 가치를 설명하고 존중해야 하며, 시장에서 중요한 재화들과 가정에서 중요한 재화들을 구분해야 한다. 우리가 가족과 사랑을 자율적인 의미 및 행동 영역으로 간주하기 시작하면, 이어서 우리는 이것들을 **윤리적 재화**—여기서 중요한 것은 **자아와 행복**의 내용이다—로 분석할 수 있게 된다. 다시 말해 부르디외의 모델을 거꾸로 적용할 때 우리는 특정한 직업을 가진 사람이 특정한 감정 아비투스 쪽으로 사회화되는 방식들, 그리고 특정한 감정 아비투스를 가진 사람이 친밀한 관계의 영역에서 특정한 형태의 에우다이모니아eudaimonia(행복, 웰빙)에 도달하는 방식들을 탐구할 수 있으며, 이를 통해 친밀성과 우정이 다른 재화와 마찬가지로 사회적으로 분배되고 할당되는 방식들을 탐구할 수 있다.

이를 보여주는 예로 한 인터뷰 응답자의 말을 인용해보겠다. 응답자는 편집자이고 중서부 명문대학 영문학 박사이며, 결혼하고 4년이 되었고 남편은 철학 교수이다.

질문자: 당신에게 부정적인 감정들이 있습니까?
〔침묵〕
질문자: 대답하고 싶지 않으시면 하지 않으셔도 좋습니다.

57 Walzer, Michael, 1983, *Spheres of Justice: A Defense of Pluralism and Equality*, Oxford: Martin Robertson.

응답자: 글쎄요. 이런 말을 해야 할지 잘 모르겠는데요.

질문자: 그것은 전적으로 당신의 판단에 달려 있습니다.

응답자: 음—나는 질투심이 있습니다. 질투심이 아주 강합니다. 질투심이 어디에서 유래하는지도 알고 있습니다. 아버지가 다른 여자 때문에 어머니 곁을 떠났고, 나는 어머니와 살게 되었어요. 그때부터 어머니는 계속 나한테 남자를 믿으면 안 된다고 했었어요. 내 질투심의 원천이 바로 여기에요.

질문자: 그것이 남편과의 관계에 조금이라도 영향을 주나요?

응답자: 그럼요. 물론 영향을 줘요. 질투심과 소유욕을 심하게 드러내는 경우도 있고, 다른 여자들이 심각한 위협으로 느껴지는 경우도 있어요. 그날도 남편이랑 나는 여느 날과 다름없이 친구들과 저녁을 먹고 있었는데, 내 친구 하나가 래리(응답자의 남편)에게 인도에 가본 적이 있느냐고 물었어요. 래리는 가본 적이 있다고 대답하면서도 그에 대해 별로 얘기하고 싶어하지 않았어요. 래리는 여자친구하고 인도에 간 적이 있는데, 그 얘기를 하면 내가 언짢으리라는 것을 알았던 거예요. 그래서 래리는 말하고 싶어하지 않았는데, 내 친구가 계속 물어보지 않겠어요? 그래서 결국 내가 그랬죠. "래리가 말하고 싶어하지 않잖아. 래리는 자기 여자친구하고 인도에 갔었어. 그래서 나는 기분이 나빠." 래리와 나는 그때 일로 한동안 사이가 좋지 않았어요.

질문자: 그 일에 대해 무슨 조치를 취했나요?

응답자: 네, 그냥 이야기했어요. 그 일에 대해 아주 오래 이야기를

나눴어요. 래리와 나는 둘 다 자의식이 아주 강한 부류예요. 우리 둘 다 정신분석학과 치료학에 관심이 아주 많고요. 그래서 우리는 그 일에 대해 계속 이야기를 하고 분석도 했어요. 그러니까 조치라고 하면, 그때 일에 대해 이야기를 한 것, 그때 일을 이해한 것, 래리한테 나를 사랑한다는 말과 다른 여자 때문에 나를 버리는 일은 없다는 말을 계속 들은 것 정도예요. 내가 생각하기로는 우리가 서로의 감정에 대해서 대화를 나누고, 서로의 감정을 진심으로 이해할 수 있었던 덕분에 그때 일을 이겨낸 것 같아요.

교육 수준이 높은 이 부부는 이른바 "감정능력"(심리학이라는 설득 담론에 따르면 "감정지능"), 다시 말해 자기의식, 곧 자기의 감정을 분간하고 자기의 감정에 대해서 말하고 서로의 입장에 감정이입하고 해결책을 찾아내는 능력을 보여주고 있다. 이 부부에게 치료언어와 감정지능은 "실질적인" 문화자원이다. 그것은 이 부부가 자기네 감정 문제의 "실상"을 이해하기 때문이 아니다. 그보다는 이들이 통상적인 문화적 구조를 활용함으로써 자기들의 어려운 감정들을 설명할 수 있고, 고통과 자조self-help의 내러티브를 불러냄으로써 그런 감정들의 "용도"를 찾을 수 있으며, 나아가 그러한 내러티브를 공유하고 부부 간의 친밀성을 강화하는 자본으로 활용할 수 있기 때문이다.

바꾸어 말해서 감정능력이란 사회자본, 또는 신분상승으로 전환될 수 있는 자본의 한 형태일 뿐 아니라 평범한 중간계급 성원들이 사적 영역에서 평범한 행복을 얻도록 해주는 자원이 될 수 있다. 이 여성의 응답을 조지라는 노동계급 남성의 응답과 비교해보자. 조지는 50세의 수위이다.

> 응답자: 〔……〕 그리고 두번째〔아내〕도 집을 나갔어—내가 나간 게 아니야. 내가 아까 내가 나갔다고 말했는데, 그 여자가 나간 거야. 일 끝내고 새벽 2시에 집에 왔는데, 그 여자가 짐을 싸서 나간 거야. 내 물건에까지 손을 댔어. 나한테 아무 말도 없었어. 어떻게 그럴 수가 있냐고.
> 질문자: 그러면 아내 분은 자기가 떠날지도 모른다는 말을 한 번도 안 했나요?
> 응답자: 전혀. 전혀.
> 질문자: 그렇다면 아내 분이 집을 떠난 것을 어떻게 설명하시겠어요?
> 응답자: 그 여자가 집을 나갔어. 한마디 말도 없이 나갔어. 생각나는 것은 그것밖에 없어. 〔인터뷰 후반에〕 그 여자가 집을 나간 후에 생각해보니까—마음이 좀 가라앉은 다음이었는데—그 여자가 그럴 줄 몰랐어. 내가 정말 화가 났던 것은 뭐 다른 거 때문이 아니라 그것 때문이야.
> 질문자: 그게 뭔가요?
> 응답자: 그러니까, 그게—그러니까—그거 있잖아요—딱 자리에 앉아서 말을 했어야지. 말을 안 했어. 그 여자가 나한테 말을 하고 나갔으면 내 마음이 이렇지는 않을 거야. "이봐, 조지—그게—그러니

까―나는 이렇게는 못 살겠어. 나가겠어." 그랬으면 좋았을걸. 솔직하게 말했으면 좋았을걸. 나는 그런 말을 했었다고. 나는 그 여자한테 몇 번 말을 했어. 이렇게 못 산다, 뭐 그런 말…….

질문자: 그러면 아내 분은 뭐라고 하셨나요?

응답자: 몰라, 모르겠어.

질문자: 모르시는군요. 그럼 아내 분이 말없이 집을 나가서 가장 힘든 점이 뭔가요?

응답자: 나는 이제 여자를 잘 못 믿겠어. 그렇게 따지면 남자도 못 믿게 됐지. 생각해봐. 밤마다 같이 자던 사람이 어느 날 들어와 보니까 그렇게 그러면 기분이 얼마나 더럽겠어. "내가 도둑한테 문을 활짝 열어주고 육십 평생 모은 재산을 몽땅 털리는" 그런 거랑 뭐가 달라. 그 여자가 바로 그런 짓을 했던 거야―일 끝나고 집에 와보니까 집이 몽땅 털린 거야. 그렇게 되려고 내가 뼈 빠지게 일했다니. 내가 무슨 말 하는지 알아들어? 몽땅 털린 기분이라고. 그게 그렇잖아. 내가 평생 살면서 두 번을 그렇게 놀랐어. 한번은 병원에서 화장실 앞 계단을 치우고 있는데 사람들이 와서 마누라가 교통사고로 죽었다고 하더라고. 내가 평생 살면서 그렇게 두 번을 놀랐어.

여기서 놀랄 만한 점은, 이 남자가 아내에게 버림받았다는 고통을 합리화해주고 정리해줄 설명 틀을 고안하지 못했다는 사실이다. 이 남자는 아내가 떠났다는 것을 설명 불가능한 충격으로 경험했고, 그 충격은 의미 있게 포장되지 못했다는 점 때문에 더욱 강력하고 고통스러웠다. 사회구성주의social constructionism의 주장에 따르면, 치료학적 소통 모델은 우리를 "훈육"하기 위한 계략, 또는 우리를 "자아도취" 시켜 심리학자들의 이익에 봉사하는 존재로 만들려는 계략이다. 그러나 이 두 가지 사례를 비교함으로써 우리는 그러한 주장이 틀렸음을 알게 된다. 치료학 모델은 후기 모더니티 사회에서 끊임없이 변화하는 자아됨 및 사회관계들을 다루는 데 "쓸모"가 있다. 곧 치료학 모델의 "쓸모"는 개체를 개체가 작동하는 배경인 제도들과 화해시킬 테크놀로지를 제공함으로써 상궤를 벗어난 일대기를 구조화할 수 있다는 것, 근대적인 일대기의 본질적 특징이 된 분열을 설명할 수 있다는 것, 그리고 (이것이 가장 중요한데) 계속해서 다른 사람들에 의해 실행·평가·승인받는다는 바로 그 사실로 인해서 취약해진 자아의 입지와 안정감을 지켜줄 수 있다는 것이다. 리처드 세넷Richard Sennett의 표현을 빌리면, "우리가 직면한 문제는, 우리로 하여금 표류하는 성향을 띠게 하는 자본주의 사회에서 우리 인생사를 어떻게 조직하느냐의 문제이다."[58]

치료학 모델이 이토록 광범위한 영향력을 행사하는 이유는 각종 집단들과 제도들의 이익에 봉사하기 때문(일 뿐)이 아니라, 능력 있는 자아를 구성하는 문화 도식들을 동원함으로써 후기 모더니티의 사회관계들의 무질서한 구조에 질서를 부여하게 해주기 때문이다.

---

58   Senett, Richard, 1998, *The Corrosion of Character: The Personal Consequences of Work in the New Capitalism*, New York & London: Norton, p. 117.

심리학이 제도들 내에서 그리고 제도들에 의해 이용당하는 방식들을 폭로하는 것은 우리 사회학자들의 할 일이다. 그러나 여기서 사회학자들은 심리학이 개인적인 문제들로 이루어진 모종의 경제에서 일정한 역할을 한다는 사실을 잊으면 안 된다. 심리학에 발목을 잡히지 않으려면, 심리학적 지식에 대한 접근권 자체가 어떻게 자아됨의 여러 형태들을 위계화하는지를 탐구해야 하며, 궁극적으로 이러한 탐구를 토대로 사회적 불의에 대한 비판론을 재정식화해야 한다.

결론

결론은 역설적이게도 마르크스보다 프로이트에 가깝다. 『입문강의』*Introductory Lectures*에서 프로이트는 "지하"와 "일층"으로 나뉜 집을 상상한다. 문지기의 딸은 지하에서 살고, 집주인의 딸은 일층에서 산다.[59] 둘 다 어렸을 때 성적인 유희를 하게 된다. 하지만 프로이트는 두 아이의 발달과정이 전혀 다를 것이라고 말한다. 곧 성기를 가지고 노는 것을 대수롭지 않게 생각하는 문지기의 딸은 별 탈 없이 성장한다(프로이트는 이 아이가 여배우로 성공해서 귀족이 될지도 모른다며 상상의 나래를 펼친다). 반면에 어린 시절부터 여성적 순결

---

59 Freud, S., 1963, "Introductory Lectures on Psychoanalysis, Part III," in J. Strachey (ed.), *The Standard Edition of the Complete Psychological Works of Sigmund Freud*, London: Hogarth Press, pp. 352~353.

및 금욕의 이상을 배우게 된 집주인의 딸은 자기 유년기의 성적인 행동이 그러한 이상과 맞지 않는다고 생각할 것이고, 죄의식에 시달릴 것이고, 신경증으로 도피할 것이고, 결혼을 거부할 것이다. 프로이트의 편견, 곧 프로이트 시대의 편견을 받아들인다면, 집주인의 딸은 노처녀로 외롭게 살아갈 것이다. 요컨대 프로이트는, 두 여자의 사회적 운명은 각자의 정신적psychic 발달과 뒤얽혀 있으며, 신경증이 있느냐 없느냐가 여자의 사회적 경로를 결정한다고 주장한다. 프로이트에 따르면, 내가 속한 계급에 따라 내가 사용할 수 있는 감정자원에 차이가, 나아가 차등이 생기며, 하층계급이 중간계급에 비해 감정자원 면에서는 유리하다. 곧 문지기의 딸은 성적 억제가 없는 덕분에 신경증이 생기지 않을 것이고, 신경증이 없는 덕분에 신분 상승에 성공할 수 있을 것이다.

프로이트는 계층이동 경로와 정신적 경로 사이의 관계에 대해서 흥미롭고 복잡한 주장을 펼친다. 프로이트는 감정과 계층 간에 **모종의** 관계가 있음을 지적한다. 곧 한편으로는 계급이 감정을 결정하지만, 다른 한편으로는 감정이 계급적 위계를 교란하고 신분상승을 야기하는 데 암암리에 막강한 역할을 해낸다. 프로이트의 주장에 따르면, 중간계급의 감정윤리는 자본주의적 노동 영역에서 (극기와 자제를 배워야 하므로) 순기능을 발휘했었지만, 바람직한 인성·감정 발달과는 공존할 수 없는데, 이는 사회·경제 영역에 대한 중간·중상계급의 지배가 성공과 행복에 해로울 뿐 아니라, 궁극적으로 중간·중상계급의 생식능력에 해로울 수 있음을 뜻한다.

물론 프로이트의 주장을 그대로 받아들일 필요는 없다. 프로이트는 신분 하락에 대한 중간계급의 공포를 환기함으로써 정신분석학의 세력을 확장하려 했던 것일 수도 있다. 그렇지만 프로이트의 주장에는 매우 흥미로운 사회학적 통찰들이 들어 있다. 한편에는 물질적·상징적 재화의 전형적 위계가 존재하지만, 다른 한편에는 이런 특권들의 관습적인 위계를 교란하고 나아가 거스르는 감정의 위계 또한 엄연히 존재한다는 주장이 특히 그러하다. 하지만 어느 틈에 흐름이 바뀌었다. 집주인의 딸이 실패한 곳에서 문지기의 딸이 자기의 감정적 개방성 덕분에 성공을 거두는 역사적 순간이 올 수도 있었는데, 프로이트와 치료학이라는 설득 담론이 만들어낸 세계에서는 집주인의 딸이 문지기의 딸에 비해 또다시 훨씬 더 많은 이점을 갖는다(이것은 통렬한 아이러니이기도 하다). 집주인의 딸은 문지기의 딸에 비해 통상적인 사회경제적 의미에서만 유리한 것이 아니라 감정적인 의미에서도 유리하다. 치료학 에토스가 중간계급 직장의 자산이 된 다음부터, 남녀는 오늘날의 전기물과 정체성의 본질이자 구조가 된 모순과 긴장과 불확실에 훨씬 더 잘 대처하게 되었기 때문이다.[60] 이제 집주인의 딸은 심리학적 교육 방법론에 정통한 부모를 두었을 가능성이 많고, 실제로 치료학의 효과를 경험했을 가능성도 적지 않다. 곧 집주인의 딸은 이렇게 획득한 감정 아비투스를 가지고 결혼 시장과 경제적 시장에서 성공적으로 경쟁할 것이다. 이런 상황이 감정생활과

---

60   Beck, Ulrich, 1995, *The Normal Chaos of Love*, Cambridge: Polity.

사회계급 간의 관계에 대한 우리의 인식에 어떤 시사점을 줄는지는 좀더 검토해야 하겠지만, 최소한 우리는 자본주의가 우리를 그야말로 루소주의자로 만들었음을 알 수 있다. 이는 행동의 감정 장이라는 것이 생기면서, 정체성이 공적으로 노출되는 것, 공적으로 서사화되는 것이 되었다는 뜻이기도 하고, 감정이 사회등급화의 도구가 되었다는 뜻이기도 하지만, 동시에 감정적 행복(사회적·역사적으로 행복이라고 정해져 있는 것을 획득하는 능력)에 새로운 위계가 생겼다는 뜻이기도 하다.

3 로맨틱한 웹

*이 글은 닉 존Nick John과의 공동연구로 집필되었다.

서론 없이 본론으로 들어가자. 노라 에프런Nora Ephron의 1999년 영화 〈유브 갓 메일〉You've Got Mail은 어린이 서점의 사장인 캐틀린 켈리라는 여자가 현실의 남자친구가 있는데 인터넷상에서 다른 누군가와 플라토닉 로맨스를 즐긴다는 이야기다. 캐틀린은 인터넷 연인의 정체를 모르지만, 관객들은 양쪽 다의 정체를 알고 있다. 요컨대 조 폭스(톰 행크스)라는 반스앤노블 정도 되는 초대형 서점의 사장이 캐틀린 켈리(메그 라이언)의 서점을 망하게 만들 때, 관객들은 이 두 앙숙이 사실은 인터넷상에서 최고의 로맨틱 커플임을 알고 있다. "스크루볼 코미디" 공식을 따르는 이 영화에서 주인공 남녀는 영화 내내 서로에게 미움을 표하는데, 원치 않게 서로에게 매력을 느끼고 결국 서로 사랑하게 된다. 그러나 이 영화가 인터넷 로맨틱 코미디인 이유는, 캐틀린이 조 폭스와 온라인 연인 중 하나를 선택해야 하는 상황에서(캐틀린은 조 폭스를 좋아하게 되고, 관객도 그것을 알고 있다) 후자를 선택한다는 데에 있다(캐틀린은 조 폭스와 온라인 연인이 동일인이라는 것을 모르는 상태다). 나중에야 캐틀린은 자기가 현실세계에서 좋아하게 되어버린 사람과 자기의 인터넷 연인이 동일인이라는 것을 알게 되고, 영화는 당연히 행복한 결말을 맞는다. 내용을 간단히 정리해보자면, 이 영화에서 인터넷 자아는 사회적인 공적 자아보다 훨씬 더 진정하고 진실하고 다정한 자아로, 상대방의 방어나 기만 또는 상대방에 대한 두려움을 훨씬 더 예민하게 느끼는 자아로 그려진다. 인터넷 로맨스 커플은 서로에게 자신의 은밀한 약점과 진실한 아량을 드러낼 수 있는 반면, "현실생활"에서 조 폭스와 캐틀린은 서로에게 최악의 자아―추측건대 거짓 자아―를 보여준다.

표면적으로는 놀라운 이야기다. 어느 인터넷 연구자의 말마따나 "겉보기에는 생명도 없고 감정도 없는 이런 전지구적 컴퓨터 매트릭스에서 도대체 어떻게 로맨틱한 관계가 생긴단 말인가?"[1] 이 영화가 내놓는 대답은 간단하다. 인터넷 로맨스가 현실 속의 관계와 비교할 수 없을 만큼 우월한 이유는, 육체를 삭제함으로써 나의 진정한 자아가 더 온전하게 표현될 수 있게 해주기 때문이다. 이 영화에 따르면 자기소개는 육체적 상호작용의 제약에서 벗어나 있을 때 좀더 진정성을 확보할 수 있다. 이런 의미에서 볼 때 이 영화는 인터넷을 탈육체화 테크놀로지로 제시함으로써 인터넷에 대한 긍정적인 태도를 보여준다. 그런데 이러한 태도는 "컴퓨터 테크놀로지 중심의 유토피아 담론"으로 이어진다. 이러한 유토피아 담론에 따르면, "컴퓨터는 인간에게 육체를 탈피할 가능성을 제공한다. 〔……〕 컴퓨터 문화에서 육체성은 많은 경우 컴퓨팅 쾌락과의 상호작용을 가로막는 장애물로 표상된다. 〔……〕 사이버 글쓰기에서 육체는 많은 경우 '살코기'로 지칭된다. 살코기란 '진정한' 자아를 구성하는 능동적 정신을 덮고 있는 죽은 살덩어리이다."[2]

1 Merkle, Erich R. & Rhonda A. Richardson, 2000, "Digital Dating and Virtual Relating: Conceptualizing Computer Mediated Romantic Relationships," *Family Relations* 49: 187~192에서 p. 187 참고.
2 Lupton, Deborah, 1995, "The Embodied Computer/User," in Mike Featherstone & Roger Burrows (eds.), *Cyberspace, Cyberbodies, Cyberpunk: Cultures of Technological Embodiment*, London: Sage, pp. 97~112에서 p. 100참고.

이런 시각에서 보면, 육체가 없어지는 덕분에 감정들은 좀더 진정한 자아에서 발원하게 되고 역시 좀더 진정한 대상, 곧 상대방의 탈육체적 진짜 자아로 흘러가게 된다. 그런데 이러한 시각이 옳다면 감정의 사회학의 관점에서 볼 때 특별한 문제가 발생한다. 감정 일반, 특히 로맨틱한 사랑은 육체에 근거하고 있다. 곧 감정, 특히 사랑을 한창 경험 중인 육체는 땀에 젖은 손바닥, 빨라지는 심장박동, 붉어지는 두 뺨, 떨리는 손, 불끈 쥔 주먹, 눈물, 말더듬 등등의 무수한 육체적 신호를 나타낸다. 이렇듯 감정이 육체로 나타나는 것이라고 할 때, 인터넷이 육체를 없앤다면(인터넷이 육체에 대해서 괄호 치기를 실행한다면), 인터넷이 감정을 구성하는 것이 가능할까? 만약 가능하다면 어떻게 가능할까? 좀더 정확히 말해서, 테크놀로지는 신체와 감정을 어떻게 재절합rearticulation하는가?

인터넷과 로맨스를

인터넷데이트 사이트는 이제 매우 인기 있고 수익 높은 사업이 되었다. 1999년 현재 미국 독신자 12명 중 1명이 온라인 맞선 서비스를 이용했다.[3] 일찍이 1995년에 사업을 시작한 미국의 Match.com은

---

[3] Stoughton, Stephanie, 2001, "Log on, Find Love," *The Boston Globe*, February 11.

등록회원수가 500만 명을 넘었다고 주장하고 있고, 일일 방문자수 1,200만 명을 자랑한다.[4] 정확한 자료를 구하기는 어렵지만, 미국에서만 한 달에 2,000만~4,000만 명이 온라인데이트 사이트에 접속하는 것으로 추정된다.[5] 그중에 65세 이상이 100만 명 이상이다.[6] 한편 온라인데이트의 1개월 패키지 요금은 대략 25달러로 매우 수지 맞는 사업이다. 2002년 3/4분기 현재, 데이트 사이트는 연간소득 3억 달러를 웃돌면서 온라인 유료 콘텐츠 카테고리 중 최강자로 등극했다. 인터넷 경제 전체를 놓고 보더라도, 온라인데이트 사이트 및 광고는 가장 높은 수익을 올리는 카테고리로서 2002년 3/4분기에는 8,700만 달러의 수익을 올렸다. 이는 전년도 같은 분기와 비교할 때 387% 성장한 액수다.[7]

이 장에서 내가 주로 다룰 사이트는 오래 사귈 파트너를 찾아주겠다고 하는 것들이다. 나의 관심사는 테크놀로지와 감정의 절합articulation이다. 성적인 지향을 뚜렷하게 드러내는 사이트를 다루지 않는

---

4 Match.com 웹사이트의 주장에 따르면, 현재까지 8만 9,000명이 이 사이트를 통해 평생의 사랑을 찾았고, 18개 언어권 246개 국 1,200만 명의 포스팅 유저를 확보하고 있다고 한다. 라이벌 사이트 Matchnet.com은 활동 중인 회원 수가 950만 명이라고 주장한다.
5 Brooks, David, 2003, "Love, Internet, Style," *New York Times*, Nov 8; Wexler, Kathryn, 2004, "Dating Websites Get More Personal," *The Miami Herald*, January 20.
6 Saillart, Catherine, 2004, "Internet Dating Goes Gray," *LA Times*, May 19.
7 Davies, Jennifer, 2002, "Cupid's Clicks," *San Diego Union Tribune*, February 10.

것은 바로 그 때문이다.[8]

온라인데이트

내 자아가 인터넷데이트와 상호작용하려면 어떻게 해야 할까? 어떻게 해야 가상세계 속의 타인들을 만날 수 있을까? 인터넷데이트 사이트는 내가 만날 수 있는 잠재적 파트너 풀을 확보하고 있으므로, 고객들은 사이트의 요구대로 "프로필"이라는 질문지를 작성해야 한다. 한 사이트가 자랑하듯이, "프로필은 당신을 도와주는 특별한 도구입니다. 이것으로 당신은 당신이 원하는 짝의 감정적 특징을 정의할 수 있고 육체적인 면을 넘어설 수 있습니다."[9] 특히 eHarmony.org는 가장 빠른 성장세를 보여주는 인기 웹사이트인데, 이곳의 프로필 작성용 질문지는 심리학자의 발명품이고 특허까지 있다. 바꾸어 말해서, 인터넷 테크놀로지의 배경에는 자아를 이해하는 문제나 감정적 친화성을 통해 사회성을 엔지니어링하는 문제에 심리학적 범주들 및 가정들이 중요하게 쓰인다는 사실이 깔려 있다. 예를 들어 이하모니

---

[8]   나는 이 연구를 위해서 대략 15명의 이스라엘인과 10명의 미국인을 인터뷰했다. 이 두 표본 사이에 분명한 문화적 차이가 있음에도 불구하고 인터넷데이트 사이트의 용도와 의미가 상당 부분 겹친다는 점이 인상적이었다.

[9]   Silverstein, Judith & Michael Lasky, 2004, *Online Dating for Dummies*, New York: Wiley, p. 109.

eHarmony는 자기네 사이트 설문지를 다음과 같이 선전하고 있다. "당신이 지금껏 경험했던 것들과는 전혀 다릅니다. 우리 '인성 프로필' Personal Profile은 (……) 도구로서 (……) 이를 통해 당신은 당신 자신 그리고 당신의 이상형에 대해 좀더 많은 것을 알 수 있고, 우리는 당신과 꼭 어울리는 짝을 찾아드릴 수 있습니다." 사이트 설립자는 닐 클락 워른Neil Clark Warren 박사라는 임상심리학자인데, 그는 자기가 지금껏 수집한 과학적 증거(인성, 라이프스타일, 감정건강, 분노조절, 성욕 등등)를 토대로 성공적 결혼을 예측할 수 있다고 주장한다. 프로필의 질문은 500개에 이른다. 프로필 작성이 끝나면 회비를 낸 다음 나와 어울리는 프로필을 찾아 컴퓨터 검색을 시작한다. 요컨대 "프로필"은 나는 누구인가라는 질문의 컴퓨터 버전이다. 짝짓기는 나의 심리 프로필과 나와 어울릴 가능성이 있는 사람들의 프로필 사이에서 진행된다.

요컨대 자아가 가상세계 속의 타인들과 만나려면, 자기 외모 관찰, 자기 내면 성찰, 자아의 라벨화, 취향 및 견해의 명시 등을 포함하는 기나긴 과정을 거쳐야만 한다. 예를 들어 Match.com 회원은 자기를 다음 범주들을 통해 구축해야 한다. "나의 외모" 항목에는 눈동자에 대한 자세한 설명(8가지 색깔 중에 선택), 머리 모양("땋은" 머리, "짧게 깎은" 머리, "바람에 날리는" 머리, "찰랑찰랑하는" 머리 등 13가지 중에 선택), 문신 여부 등의 범주가 포함되어 있고, "내 몸에서 가장 자신 있는 부분은?"(하복부, 다리, 입술 등에서 선택)이라는 은근한 범주도 포함되어 있다. 두번째 항목인 "나의 관심사" 항목에 포함된 세부항목에는 "취미는?" "즐겨 찾는 동네 클럽이나 여행지는?" "아끼는 물건은?" "나의 유머감각은?" "내가 좋아하는 스포츠나 운동은?" 등이 있고, "다른 회원들과 공유하고 싶은 공동 관심사는?" 같은 항목도 있다. 라이프스타일 항목에는 식사습관, 운동습관, 흡연패턴, 음주패턴, 자녀가 있는지 또는 자녀를 가지고 싶은지, 새, 고양이, 개, 관상어, 이국풍 동물, 벼룩, 저빌쥐 등 갖가지 애완동물을 좋아하는지 등에 관한 세부항목들이 들어 있다. "가치관" 항목에는 종교적 믿음과 종교 생활, 정치적 신념 등에 관한 자세한 세부항목들이 들어 있다. 내가 만나고 싶은 데이트 상대에 대한 것을 묻는 항목도 있다(외모, 교육수준, 종교, 정치, 흡연습관, 음주습관 등에 대한 질문들이 반복된다). 기타 항목을 보면 "성적인 흥미를 불러일으키거나 없애는 것은?" ("피어싱", "긴 머리", "에로물", "돈", "뇌우", "권력" 등에서 선택) 같은 질문들도 있다.

요컨대 인터넷데이트 사이트에서 내게 요구되는 것은 나 자신을 객관적으로 기술하는 것과 판타지로 존재하는 나의 이상들(사랑의 이상, 이상형, 라이프스타일의 이상)을 불러내 세련되게 다듬는 것이다. 이렇듯 자기소개 과정 및 파트너 찾기 과정은 적어도 세 가지 면에서 심리학이라는 설득 담론에 전적으로 의존하고 있다. 첫째, 자아는 취향, 견해, 인성, 기질 등의 개별 범주들로 분할됨으로써 구축된다. 곧 상대와의 만남은 심리적·감정적 친화력이라는 개념 내지 이데올로기에 의존하게 된다. 누군가를 만나는 데는 고도의 자기성찰 및 자기와 상대의 심리 프로필을 절합하는 능력이 요구된다.

둘째, 프로필 포스팅 행위는 토크쇼나 격려집단 같은 여타 심리적 문화형식과 마찬가지로 사적 자아private self를 공적 수행public performance으로 전환한다. 좀더 정확히 말해서, 인터넷을 통해 사적 자아는 추상적·익명적 관중 앞에 공적으로 전시되는 가시적 존재로 바뀐다. 하지만 이때의 관중은 하버마스가 말하는 공중public이 아니라 사적 자아들의 집체이다. 인터넷에서는 **사적 심리적** 자아 자체가 공적 수행이 된다.

마지막으로, 심리학이라는 설득 담론이 대체로 그렇듯 인터넷은 주관성의 텍스트화(1장의 논의 참고), 곧 시각적 표상 및 언어를 통해서 자아를 외화·객관화하는 형태의 자기인식에 기여한다.

자기소개 과정 및 파트너 찾기 과정이 심리학이라는 설득 담론에 의존하다 보니 다음의 네 가지 결과가 생겼다. 첫째, 다른 사람을 만나려면 우선 나 자신에 집중하고, 내가 지각하는 나 자신에 집중하고, 나의 이상형에 집중하는 동시에 내가 생각하는 이상적인 나의 모습에도 집중해야 한다. 요컨대 인터넷 사이트는 내가 유니크한 존재라는 생각을 더욱 강화시킨다고 할 수 있다. 둘째, 로맨틱한 상호작용의 전통적인 진행 순서가 바뀐다. 보통은 상대에게 끌리는 단계가 상대에 대해서 아는 단계보다 먼저인 반면에, 인터넷에서는 아는 단계가 끌리는 단계(최소한 로맨틱한 상호작용의 육체적 현존 및 현현)보다 먼저이다.[10] 오늘날의 인터넷 상황에서 우리는 다른 사람들을 속성들 일체로 인식하며, 그러한 인식이 이루어진 후에야 비로소 (점차로) 그들의 육체적 현존을 인식한다.

셋째, 만남은 "선택"이라는 자유주의 이데올로기의 비호하에 이루어지게 되었다. 내가 알기로는 자아가 "선택하는 존재"라는 생각과 로맨틱한 만남이 최선의 선택의 결과여야 한다는 생각을 이토록 극단화시킨 테크놀로지는 인터넷 말고는 없었다. 다시 말해 가상세계 속의 만남은 그야말로 시장구조 내부에서 주선된다.

마지막으로, 인터넷은 짝을 찾는 사람들을 노골적인 경쟁 시장 안에 자리매김한다. 사이트에 가입하는 즉시 나는 말 그대로 눈앞에 보이는 사람들과 경쟁하는 입장에 놓인다. 요컨대 인터넷 테크놀로지는 자아를 모순적으로 자리매김한다. 인터넷으로 인해 나는 한편으로는 나 자신을 들여다보게 된다. 곧 나 자신에게 집중하게 되고, 이로써 내 자아의 유니크한 본질을 취향, 견해, 판타지, 감정적 친화력의 형태로 포착·표현하게 된다. 그러나 다른 한편으로 자아는 공적으로 전시되는 상품이 된다. 인터넷을 통한 파트너 찾기 과정은 고도의 주관주의subjectivism(이는 심리적 형태를 취한다)와 만남의 객체화objectivization(이는 테크놀로지와 사이트의 시장구조를 통해서 이루어진다)를 동시적으로 결합한다. 이는 사랑의 전통으로부터 상당히 이탈한 것이다. 이에 대해서는 다음 섹션에서 살펴보자.

10 Ben-Zeev, Aharon, 2004, *Love Online: Emotions on the Internet*, Cambridge: Cambridge University Press.

존재론적 자기소개

워런 서스먼Warren Susman에 따르면, 20세기 초는 자아를 절충하고 소개하는 여러 가지 방법들이 전환점을 맞은 시기였다. 서스먼은 "인성"personality과 "인격"character을 대조하면서, 역사상 최초로 자아가 인상형성 및 인상관리를 목적으로 조립되고 조작되는 존재가 되었다고 주장한다. 서스먼에 따르면, 다른 사람의 마음에 들고 다른 사람의 마음을 얻는 것을 목적으로 하는 신중한 자기관리 및 인상형성이 심화된 데에는 소비문화와 패션산업이 중요한 영향을 미쳤다. 19세기 자아와는 완전히 달라진 모습이었다. 19세기 자아는 전인적 인격 개념에 따라 구성되었으며, 따라서 파편성과 맥락의존적인 조작성이 비교적 덜했다.

피상적인 시각으로 볼 때, 인터넷 자아는 훨씬 더 유연하고 변화가능하고 복합적인 자아가 될 수 있으며, 그런 의미에서 포스트모던 자아의 축도를 제시한다. 곧 인터넷 자아는 유희적이고 스스로를 발명하는 자아, 나아가 자기 관련 정보를 조작할 수 있다는 점에서 기만적인 자아가 될 수 있다.

그러나 이 장에서 다룰 데이트 사이트의 자아는 심리학적 자아 테크놀로지를 통해 스스로를 인식하는 자아이며, 바로 그런 이유에서 포스트모던한 인터넷 활용법과 구분된다. 포스트모던한 자아는 대체로 나의 육체, 말투, 태도, 옷차림의 자의식적 조작으로 구성된다. 반면에 인터넷에서의 자기소개, 인터넷에 의한 자기소개는 오직 언어(특히 문자언어)로 구성되며, 특수하고 구체적인 사람 대신 미지의 추상적 후보들을 대상으로 하며, 이런 의미에서 포스트모던한 자아와는 차원을 달리 한다. 바꾸어 말해서, 포스트모던 자아의 자기소개는 다양한 사회적 맥락에 감응하고 다양한 맥락에 따르는 다양한 역할을 행하는 능력을 전제·함축하고 있다. 반면에 인터넷데이트 사이트에서의 자기소개는 완전히 반대다. 곧 지극히 견고한 자아감sense of self을 추구하는 내향적 운동을 전제하며(나는 누구인가? 나는 무엇을 원하는가?), 일반적이고 규격화되어 있다(규격화된 질문지로 이루어진다). 프로필의 목적은 누가 읽느냐와 상관없이 나 자신에 관한 진실을 제공하는 것이며, 이런 의미에서 인터넷 자아의 자기소개는 맥락에 민감한 것도, 상대에 민감한 것도 아니다. 인터넷 자아의 자기소개는 실질적인 사회적 수행에서 여러 단계 떨어져 있으며, 수행의 대상은 시각적·언어적으로 구체적이고 특수한 상대가 아니라 일반화되고 추상적인 관중이다.

포스트모던한 자아 개념에 따르면, 핵심자아core self 같은 것은 없다. 있는 것은 그저 자아가 담당해야 하는 다양한 역할들뿐이다. 반면에 심리학과 인터넷 테크놀로지의 결합에 의해서 정립된 자아 개념에 따르면, 핵심자아core self는 영속적인 것으로서 존재하며, 다양한 표상들(프로필, 사진, 이메일)을 통해 포착될 수 있다. 이런 의미에서 인터넷 자아는 "존재적"ontic 자아다. 인터넷은 정신 대 육체라는 데카르트의 옛 이분법을 극단적으로 부활시킨다(정신은 사유와 정체성을 위한 유일한 자리, 참된 자리이다). 인터넷 자아를 갖는다는 것은 데카르트적 코기토cogito를 갖는다는 뜻이요, 내 의식의 벽에 갇힌 채로 세계를 내다보는 방식으로 세계를 대한다는 뜻이다.

하지만 아이러니하게도, 자기소개 과정에서 대부분 사진을 프로필 옆에다 포스팅하다 보니, 외모는 새로운 중요성, 거의 절대적인 중요성을 띠게 된다.

인터넷이 우리를 육체에서 벗어나게 해준다고 하지만, 미모와 육체의 중요성이 덜해진 것은 아니다. 오히려 미모는 육체를 사진 속의 영원한 현재 속에 얼어붙게 하는 불변의 이미지가 되었고, 이러한 사진은 비슷비슷한 사진들로 이루어진 경쟁 시장 안에 놓이게 되었다. 인터넷데이트 사이트가 육체적 자기변신을 겨냥한 집중적인 실천들을 만들어내는 것은 그 때문이다. 사진이 사람을 대신하다 보니, 실제로 많은 사람들이 극단적인 육체적 변화를 겪게 된다. 예를 들어, 시갈이라는 20세 여성 응답자는 사진이 최초의 선별 단계에서 얼마나 중요한 역할을 하는지를 깨달았다면서 자기는 인터넷데이트 사이트를 이용한 뒤 20kg(44파운드)이 빠졌다고 한다. 또 다른 사례로, 갈리아라는 30세 광고기획자는 이렇게 말했다. "올여름에 내 프로필을 업그레이드하고 싶었어요. 그래서 언니한테 갔어요. 이런 일에 빠삭하거든요. 언니는 외모가 나아지도록 도와준다고 했어요. 그래서 언니 말대로 머리를 새로 하고 살을 빼고 안경을 새로 사고 사진을 다시 찍었죠."

자기소개가 사진을 통해서 이루어질 경우, 사람들은 미용 산업에 종사하는 모델이나 배우의 입장에 처한다. 곧 (1) 자신의 외모를 극도로 의식하게 되고, (2) 육체가 사회적·경제적 가치의 주요 원천이 되며, (3) 육체를 가지고 다른 사람들과 경쟁하게 되고, (4) 마지막으로, 육체와 외모가 공적으로 전시된다. 아도르노와 호르크하이머Max Horkheimer의 말이 떠오르는 대목이다. 『계몽의 변증법』Dialectic of Enlightenment 후반부의 한 각주에서 두 저자는 지금의 논의에 적절하게 인용될 수 있는 한 가지 통찰을 내놓는다. 곧 현대문화에서는 "육체를 열등한 것으로 간주하여 경멸하고 거부하면서도 동시에 육체를 금지된 것, 객관화된 것, 소외된 것으로 간주하여 욕망한다."[11]

프로필의 언어적 측면 역시 사진 못지않게 나를 치열한 경쟁 상황 속에 몰아넣는 요인이다. 여기서 문제는 프로필의 획일성을 깨뜨려야 한다는 것이다. 나의 심층적 자아를 요약하는 작은 상자(후보자 사진 옆에 위치)의 내용을 분석하면, 이러한 획일성의 예를 발견할 수 있다. 나는 상자 100개를 들여다보았다. 놀라울 정도로 많은 사람들이 자기를 묘사할 때 똑같은 단어를 사용한다. "나는 재미있고, 개방적이고, 자신감 넘치는 여자입니다." "나는 귀엽고 재미있어요. 최근에 싱글이 됐어요." "나는 개방적이고 활기차고 재미있어요." "나는 재미있고 저돌적입니다." "자, 나는 어떤 사람이냐 하면, 재미있고, 웃기고, 키가 작고, 갈색 머리, 갈색 눈동자, 최고예요." "나는 매력 있고 명랑하고 재미있는 39세 여성으로, 내가 사랑하는 사람들을

---

[11] Shusterman, Richard, 2000, *Performing Live: Aesthetic Alternatives for the Ends of Art*, Ithaca, NY: Cornell University Press, p. 154에서 인용.

잘 챙깁니다." "거 참―무슨 말을 할까―재미나게 살고, 천하태평에다, 구제불능의 낭만주의자." 자기소개가 비슷하다는 것이 그리 이상한 일은 아니다. 곧 자기기술self-description이란 바람직한 인성에 대한 문화적 답안을 차용하는 과정이다. 자기소개가 탈육체적으로 이루어질 경우, 사람들은 바람직한 사람에 대한 기성관념들을 사용하여 자기의 자아에 적용한다. 바꾸어 말하면, 자기소개에서 문자언어를 사용하는 것이 아이러니하게도 획일화, 규격화, 사물화를 초래했다. 내가 "아이러니"라고 말하는 이유는, 질문지를 작성하는 순간은 스스로의 유니크함을 스스로도 경험하고 다른 사람들에게도 보여줘야 하는 순간이기 때문이다.

데이트 지침서 저자들도 이러한 문제를 십분 인식하고 있다. 예를 들어보자.

당신이 남자든 여자든, 다른 사람들과 똑같은 글을 쓴다면 상대방이 당신에게 연락해오기가 정말로 어려울 것이다. 내가 쓴 글이 고작 "친절하고 똑똑하고 재미있고 사려 깊고 로맨틱하고 섹시하고 운동 잘하는" 여자를 만나고 싶다는 내용뿐이라면, 상대방 여자가 어떻게 당신에게 말을 걸겠는가? 여자가 "안녕하세요. 나는 친절하고 똑똑하고 재미있고 사려 깊고 로맨틱하고 섹시하고 운동 잘하는 여자예요. 우리는 완벽한 짝이 될 거라고 생각해요." 이럴까? 그러지는 않으리라 생각한다.[12]

여기서 문제는 자기소개가 언어로 매개되는 경우 획일적이 된다는 점이다. 요컨대 인터넷은 비非마르크스적인 의미에서의 물화物化를 창출한다. 다시 말해 인터넷으로 인해 사람들은 자기 자신과 다른 사람들을 언어 범주들로 취급하게 된다. 곧 인터넷은 추상적 개념을 현실적인 사물인 양 취급하게 된다. 이는 루카치Georg Lukács의 물화 개념과도 연결된다. "사람들 사이의 관계가 사물의 속성을 띠게 됨으로써 '유령적 객관성'phantom objectivity을 가지게 되는 것, 자율성이 이성적·전면적이 됨으로써 그것의 근본적 속성, 곧 사람들 사이의 관계라는 속성이 흔적조차 사라지게 되는 것을 의미한다."[13] 실제로 이러한 유령적 객관성—자아를 언어적 라벨하에 포섭하고 사회적 상호작용을 테크놀로지하에 포섭하는 객관성—이 인터넷데이트 사이트에 유령처럼 출몰하고 있다.

이 섹션을 요약해보자면, 심리 프로필에서 성공하기 위해서는 "나는 재미있고 웃깁니다"라는 천편일률적인 자기소개 사이에서 튀어야 하는 반면에, 사진 프로필에서 성공하기 위해서는 미모와 몸매에 관한 관습적 기준에 들어맞아야 한다. 요컨대 인터넷데이트 사이트에서 가장 성공하는 사람들은 언어적 독창성과 육체적 관습성을 자랑하는 사람들이다.

[12] Katz, Evan Marc, 2003, *I Can't Believe I'm Buying This Book: A Commonsense Guide to Successful Internet Dating*, Berkeley, CA: Ten Speed Press, p. 96.
[13] Lukács, György, 1971, *History and Class Consciousness: Studies in Marxist Dialectics*, Cambridge, MA: MIT Press, p. 83.

규격화와 반복

동질화와 규격화의 문제는 자기소개에만 나타나는 문제가 아니다. 로맨틱한 만남들 자체가 이런 동질화와 규격화의 문제들에 무수하게 부딪친다. 이러한 문제는 잠재적 후보자 명단에서부터 나타난다(내가 만나고 싶은 파트너를 정의하고 나면, 나는 엄청난 길이의 잠재적 후보자 명단과 마주치게 된다). 범주들이 많다고는 해도 범주의 개수가 정해져 있는 데다, 엄청난 규모의 사이트가 자랑하는 방대한 데이터베이스를 고려하면, 파트너를 찾으려고 할 때 수많은 잠재적 후보자가 검색되는 것은 당연한 일이다. 예를 들어 내가 찾는 것이 금발, 마른 체형, 비흡연자, 35세 미만, 대졸자라면, 내가 찾는 사람의 조건에 부합하는 사람이 엄청나게 많은 것은 어쩔 수 없다.

상호작용 분량 자체가 엄청나게 많다 보니, 이용자는 획일화된 관리 테크닉을 개발하게 되고, 그에 따라 온라인 만남도 오프라인 만남도 극히 반복적이 된다. 예를 들어 아르테미스라는 응답자는 33세 여성으로 인터넷데이트 사이트를 이용한지 6년째다. 전문 번역가로 재택근무자다. 아르테미스는 컴퓨터로 집에서 일하는 사람이라 자기 프로필에 관심을 보이는 남자 풀에 대한 지속적 관리가 가능하다. 아르테미스 카드의 방문자는 총 2만 6,347명이며, 응답자 자신이 블로그에 남겼듯이, "사람들이 내 프로필을 지속적으로 방문하고 나도 다른 사람들의 사이트에 지속적으로 방문한다." 응답자는 끝없는 가상 만남들을 관리하기 위해 남자들을 파일로 저장하고, 각각의 폴더를 만든다. 그렇게 하지 않으면 "따라잡기가 어렵다"는 것이 응답자의 말이다. 상호작용 분량이 엄청나게 많다 보니, 사이트에서도 이용자가 다량의 만남을 소화할 수 있도록 채점 테크닉(순위표, 별, 복숭아와 트로피, "섹시"를 뜻하는 불꽃 등)을 개발했다. 여기서는 숫자의 법칙이 중요하다. 실제로 숫자의 법칙은 로맨틱한 생활의 전개 방식을 상당히 바꾸어놓은 듯 하다. 20세기 초에 사람들이 경제 영역에서 생산·교환·소비의 분량 및 속도가 폭증하는 상황에 어떻게 대처할 것인가라는 문제에 봉착했던 것처럼, 지금 사람들은 로맨틱한 관계의 영역에서 로맨틱한 "생산"·교환·소비의 분량 및 속도가 폭증하는 상황에 어떻게 대처할 것인가라는 문제와 마주쳤다. 예를 들어 상호작용 분량이 엄청나다 보니 이용자는 괜찮아 보이는 모든 상대에게 똑같은 규격화된 메시지를 전송하게 되고, 이로써 만남의 과정이 전체적으로 텔레마케팅과 비슷해진다. 한 인터넷데이트 지침서를 인용해보자면, "알렉스는 각자의 고향들, 직업들, 대학들을 적어놓은 커닝페이퍼까지 준비했다. 그래야 답을 보내주기 전에 상대방의 신상정보들을 복습할 수 있으니 말이다."[14]

　만남의 분량과 빈도가 많다 보니, 대화와 만남은 어쩔 수 없이 각본대로 연기하는 경향을 띠게 된다. 많은 응답자가 밝힌 대로, 인터넷 파트너를 만날 때는 계속 똑같은 것을 묻게 되고 계속 똑같은 농담을 하게 된다. 인터넷 파트너와의 만남에 대해서 아르테미스가 자

14　Katz, *I Can't Believe I'm buying This Book*, p. 108.

기 블로그에 남긴 글을 보자.

> 나는 식순을 너무 잘 알고 있다. 일단 나는 블라인드 데이트의 "유니폼"을 정해놓고 있다. 유니폼은 단계에 따라서 달라진다. 단계별로 시기별로 그에 맞는 유니폼이 있다. 보통 때 나는 청바지와 세련된 셔츠를 즐겨 입는다. 그래야 편하고, 있는 그대로의 내가 맘에 드는 그런 기분인데, 〔……〕 대부분 나는 전혀 기대 없이 나간다. **별로 설레지 않는다.** 어떻게 진행될 것인지 정확하게 알고 있으니까."

상호작용 분량이 많다 보니 사람들이 사용하는 동작 및 어휘 레퍼토리가 한정되고, 그런 레퍼토리들을 습관적으로 반복하다 보니 사람들은 곧 자기가 사용하는 동작 및 어휘에 대해서 지겹다는 태도, 자의식적 아이러니의 태도를 갖게 된다. 우리가 관습적으로 로맨틱한 사랑의 경험과 연결시켜왔던 매혹은 희소경제economy of scarcity와 관련되어 있다. 곧 희소경제가 새로움과 흥분을 가능하게 한다.

반면에 인터넷데이트 사이트의 취지는 풍요경제economy of abondance와 관련되어 있다. 곧 자아는 선택해야 하고, 자기의 선택을 최적화해야 하고, 이를 위해 비용편익 테크닉 및 효율성의 테크닉을 사용해야 한다. 이는 최근에 인터넷데이트 사이트들에서 개발된 스피드매칭이라는 데이트 형태에서 극명하게 드러난다. Match.com은 스피드매칭을 이렇게 선전하고 있다. "온라인 스피드매칭은 새롭고 흥미진진한 데이트 방법입니다. 가정에서, 직장에서, 또는 노트북만 휴

대하면 이동 중에라도 데이트를 즐길 수 있습니다. 4분간의 통화에 앞서서 사진과 프로필을 보여드립니다." 이용자는 정해진 시간들 중에서 하나를 선택한다. 예를 들면 10월 6일 일요일 여섯 시를 예약한다. 알고 보면 각각의 시간은 특화된 시장들에 해당한다. 곧 각각의 시간에는 "유태인 싱글", "결혼 희망", "가톨릭 싱글", "최근 이혼", "여행을 좋아함", "야외활동을 좋아함", "피트니스에 열광함" 같은 제목들이 달려 있다. 항목을 선택한 후 날짜와 시간을 정해서 등록하면 파트너 6명과 정확히 4분씩 통화할 자격이 생긴다. 이때 컴퓨터는 음성과 포스팅된 사진을 통해 상호작용을 유도함으로써 실제로 만나는 것 같은 상황을 최대한 연출하려 한다. 통화가 진행되는 동안 스크린 위에는 시계의 초침이 째깍째깍 지나간다. 4분이 지나면 통화는 자동으로 끊긴다. 통화가 끝나면 "좋음", "나쁨", "글쎄"라는 세 칸으로 되어 있는 "점수카드"를 작성해야 한다. 점수를 매기면 상대가 바뀌고 이렇게 여섯 번의 가상 데이트가 진행된다.

스피드 매칭은 정확한 목표설정targeting과 상호작용 시간의 엄격한 제한을 통해서 시간과 효율성을 최적화하려는 욕망을 분명하게 드러낸다. 이는 벤 애거Ben Agger가 말하는 이른바 "고속 자본주의"의 완벽한 사례이다. 고속 자본주의에는 두 가지 특징이 있다. 자본주의 테크놀로지가 시간을 응축함으로써 경제적 효율성을 높이려는 경향을 보인다는 것이 그 하나라면, 경계를 없애고 사람들의 사적 공간 및 사적 시간을 인정해주지 않으려는 경향을 보인다는 것이 또 하나이다. 테크놀로지와 상품이 시간과 공간을 식민화하는 고속 자본주

의에서 이 두 가지 특징은 밀접하게 연결되어 있다.[15]

　인터넷은 자아의 지지를 얻기 위해 심리학과 상업주의라는 주요 문화논리 두 가지를 융합한다. 인터넷은 소비주의와 심리학의 논리에 의존함으로써 최선의 (경제적·심리적) 거래를 찾아야 한다는 요구를 급진화한다. 좀더 정확히 말해서, 인터넷은 심리학의 범주들을 사용함으로써 로맨틱한 만남을 취향의 구체화·세련화를 조장하는 소비주의 논리 안에 포섭하려 하며, 소비주의를 끌어들임으로써 (로맨틱한) 거래의 질을 향상시키려고 한다. 한 인터넷데이트 지침서의 표현을 빌리면, "경험이 쌓일수록 취향은 점점 세련화되고, 괜찮아 보이는 상대는 점점 줄어들 것이다."[16] 아르테미스는 다시 한 번 적당한 사례를 제공한다. "나는 누군가를 찾고 있습니다. 내가 찾는 사람은 실제로 존재하는 사람은 아니지만, 아주, 아주 구체적입니다. 그 사람은 아주 똑똑해야 하고, 특히 과학 분야에서 두각을 나타내야 해요. 하지만 복잡한 사람이어야 하는데, 그것은 그 사람의 카드에도 나타나고 메신저에서도 나타나요. 내가 누구인지는 글로 나타나요." 소비문화 논리와 결합된 테크놀로지는 취향의 구체화·세련화를 가능하게 하고 나아가 취향의 구체화·세련화를 조장한다. 욕구는 고정되어 있는 반면, 세련된 취향은 본질적으로 불안정하다(예를 들어 아무리 입맛이 세련된 미식가라 해도 자기를 능가하는 미식가를 만

15　Agger, Ben, 2004, *Speeding up Fast Capitalism: Cultures, Jobs, Families, Schools, Bodies*, Boulder, CO: Paradigm, pp. 1~5.
16　Kats, *I Can't Believe I'm buying This Book*, p. 103.

난다). 데이트의 영역에서 취향은 사람을 찾는 과정을 본질적으로 불안정한 과정으로 만든다는 의미를 함축하고 있다. 곧 세련된 취향을 갖는다는 것은 시장에서 자신의 위치를 향상시킬 방법을 찾는다는 것을 의미한다.

두 가지 예를 들겠다. 첫번째 사례는 브루스라는 남성 응답자다. 브루스는 41세의 컴퓨터 소프트웨어 디자이너이며 뉴욕에 거주한다.

> 질문자: 괜찮아 보이는 프로필을 만났을 때, 연락할까 말까를 정확히 어떻게 결정하시나요? 예를 들어 프로필을 훑어보다가 외모는 마음에 드는데 직업이나 학력이 당신의 바람과 정확하게 일치하지 않을 때는 어떻게 하나요? 연락을 하나요?
> 브루스: 연락 안 해요. 아까도 말했지만, 선택할 사람이 많아요. 무한대니까요. 그러니까 굳이 연락할 필요가 없죠. 나는 내 바람과 정확하게 일치하는 사람들에게만 연락해요.

두번째 사례는 아비라는 남성 응답자다. 아비는 27세의 이스라엘 컴퓨터 프로그래머로 사이트를 2~3년 정도 이용했는데, 여러 달 동안 집중적으로 이용한 후부터 점차 환멸을 느꼈다고 한다. 아비의 주장에 따르면 인터넷의 문제점은, 사람들이 (그의 표현을 빌면) "분수에 안 맞는" 누군가에 대한, 다시 말해 자기보다 나은 누군가에 대한 강렬한 욕망을 키우게 된다는 점이다. 사람들은 자기와 어울리는 상대에게 만족하지 않는다. 자기 분수에 안 맞는 사람들을 가까이에서 많이 보게 되고, 또 인터넷데이트 사이트를 이용하다 보니 그런 사람들과 쉽게 사귈 수 있다는 환상을 품게 되는데, 그러다 보니 사람들은 자기에게 어울리는 사람들 대신에 그런 사람들을 갈망하게 된다. 아비의 말에 따르면, 만약에 어떤 여자가 자기에게 관심을 보이면 자기는 자동으로 그 여자를 의심하게 되고, 그 여자에 대한 관심과 욕망을 끊게 된다고 한다. 그 여자가 자기에게 관심을 보인다는 사실을 자기가 그 여자보다 낫다는 뜻으로 받아들이게 된다는 것이다. 아비가 하는 말을 달리 표현하면, 사람들은 최선의 가치를 얻으려고 노력하고 그러면서 자신의 취향을 세련화하는데, 그러다 보니 번번이 좀 더 나은 것이 걸리리라 믿으면서 현재의 거래에 만족하지 않으려고 한다. 인터넷이 이러한 거래의 과정을 역사상 유례없는 정도로 활성화시키는 데는 단 한 가지 이유밖에 없다. 곧 인터넷은 잠재적 파트너 시장을 실제로 가시화시킨다. 현실세계에서 파트너 시장은 가상세계이다. 곧 파트너 시장은 눈으로 볼 수 없는 시장, 전제될 뿐인 시장, 잠재적인 시장이다. 반면에 인터넷데이트 사이트에서 파트너 시장은 가상세계 속의 시장이 아니라 현실세계 속의 시장이요, 말 그대로 시장이다. 이는 인터넷 사용자가 잠재적 파트너 시장을 실제로 가시화시킬 수 있기 때문이다.

흥미롭게도 대부분의 이용자는 인터넷데이트가 만남을 경제적 거래로 만든다는 사실을 모르지 않는다. 사실상 인터넷 상호작용에서 시작된 오프라인 만남에서 경제적 비유는 이미 광범위한 영향력을 행사하고 있다. 이스라엘과 미국에서 진행된 나의 인터뷰에서 대다수의 응답자는, 누군가를 만나려면 "자기를 시장에 내놓아야" 하며, 그것은 입사 면접 자리에서 면접관이 되었다가 지원자가 되었다가 하는 것과 비슷하다고 응답했다. 갈리아의 예를 보자.

질문자: 인터넷데이트 사이트를 이용해 본 적이 있나요?

갈리아: 불행히도 있었어요.

질문자: 사이트가 별로 마음에 들지 않았나 봐요.

갈리아: 아니, 아니에요. 사이트 때문이 아니에요. 내가 싫어하는 것은 데이트예요. 보다시피 나는 아주 사교적이고 외향적인 사람이에요. 사람들하고 이야기하는 것을 싫어하거나 하지 않는다고요. 하지만 데이트에 나가면, 정말 구매권유를 해야 되고, 자기소개를 최대한 잘해야 되고, 빨리 이것저것 물어서 상대가 어떤 사람을 원하는지 알아내야 하죠. 상대가 어떤 사람인지도 잘 모르면서, 광고 타깃도 모르는 상태로, 나 자신을 최대한 좋은 값에 팔아야죠.

질문자: "구매권유"라니, 그게 무슨 뜻인가요?

갈리아: 기본적으로 자기 자신을 파는 일이니까요. 자기를 파는 것이 문제라는 뜻은 아니에요. 하지만 현실을 직시할 필요는 있지요. 데이트의 유일한 목적, 그런 대화를 나누는 유일한 목적은 "상대를 계속 만날 것인가"를 정하는 거니까.

질문자: 자신을 판다고 하는데, 어떻게 파나요?

갈리아: 기본적으로 나는 아주 솔직한 사람이에요. 하지만 [이런

데이트에서는) 계속 미소를 짓게 되고, 아주, 아주, 아주 싹싹해지고, 극단적인 견해를 표명하는 일도 없어요. 내 견해가 극단적이거나 내가 극단주의자라 해도 말이에요.

질문자: 그렇다면 데이트를 즐기면 되지 않나요?

갈리아: 나는 제일 중요한 것을 놓친 것 같아요. 데이트가 하나도 즐겁지 않아요. 단 한 번도 즐거웠던 적이 없어요. 99%는 그냥 지겨웠어요. 나는 정말 누군가를 만나고 싶어요. 이제 혼자 사는 것에 질렸어요. 그러니까 이런 데이트를 하죠. 하지만 사람들을 이렇게 잔뜩 만나고, 똑같은 농담을 하고 또 하고, 똑같은 질문을 하고 또 하고, 억지로 미소를 짓게 되고, 이런 것도 이제 지겨워요.

여기에는 새로운 점이 있다. 곧 인터넷은 파트너 찾기를 시장으로 구조화한다. 좀더 정확히 말해서, 인터넷은 파트너 찾기를 경제적 거래의 형태로 공식화한다. 첫째, 인터넷으로 인해 자아는 수요공급 법칙하에 움직이는 무제약적 시장에서 다른 사람들과 경쟁하는 패키지 상품으로 변형된다. 둘째, 인터넷은 만남을 어느 정도 항구적인 취향들의 결과로 만든다. 셋째, 인터넷으로 인해 파트너 찾기 과정은 효율성에 의해 강제된다. 넷째, 인터넷은 만남을 특화된 시장들로 구조화한다. 다섯째, 인터넷이 프로필(곧 사람)에 (어느 정도) 고정적인 경제적 가치를 매기다 보니, 사람들은 이렇게 구조화된 시장에서 자기의 가치가 얼마인지 불안해하며 자기의 시장 내 위치를 향상시키려고 노력하게 된다. 끝으로, 인터넷은 사람들로 하여금 파트너 찾기의 비용편익적 측면들—시간적인 측면과 파트너의 속성들이 최적화되기를 바란다는 측면—을 극도로 의식하게 된다. 정도의 차이는 있지만, 모든 응답자는 파트너 찾기에 이런 특징들이 있음을 분명하게 느끼고 있었다. 독자들은 지금까지 내가 인용했던 인터뷰들의 어조가 피로와 냉소의 결합임을 분명히 눈치챘을 것이다. 책에 인용되지 않은 많은 다른 인터뷰에서도 냉소는 지배적인 어조였다. 철학자 스탠리 카벨Stanley Cavell도 비슷한 말을 했지만, 어조는 경험을 이루는 감정구조를 전반적으로 보여주므로 대단히 중요한 문제다. 응답자가 보여준 이런 냉소는, 전통적인 낭만주의 문화와의 근본적인 단절을 보여주는 신호이자, 막대한 상호작용 분량에서 비롯된 관례화의 결과요, 인터넷데이트 사이트를 지배하는 시장구조 및 시장문화의 결과다. 냉소는 특히 후기 자본주의 사회의 의식 및 행동의 특질에서 비롯되는 특수한 감정 구조다. 오늘날의 문화에서 소비자는 광고상품의 **정체**를 알면서도 (광고상품의 **정체**를 알아채는 순간에도) 광고상품을 구매하고 사용하지 않을 수 없다고 느낀다는 것이 아도르노의 말이었는데, 그가 이런 말을 할 때 염두에 두고 있던 것이 바로 이런 냉소였다. 아노르도에 따르면, 정체를 알면서 복종하는 것이 바로 후기 자본주의 사회 소비상품 사용의 지배적인 양태이다. 나쁘다는 것을 알면서도 같은 일을 계속하지 않을 수 없다고 느낄 때 사용하게 되는 어조가 바로 냉소이다. 나쁘다는 것을 "알면서도" 그 일을 또 "하지 않을 수 없다"면 그것은 강박충동이다. 지젝에 따르면, 우리는 이런 강박충동을 통해 "미망은 앎 쪽에 있는 것이 아니라 이미 현실

쪽에, 사람들이 실제로 하고 있는 일들 쪽에 있다"는 사실을 알 수 있다.[17]

이처럼 우리는 여기서 19세기와 20세기를 상당 기간 특징지어왔던 사랑과 낭만주의의 문화와 근본적으로 갈라진다. 사람들이 "첫눈에 반하는 사랑"을 설명할 때 어떤 문화 범주들을 사용하는지에 관한 연구에서[18] 저자인 슈르만스 Marie-Noëlle Schurmans과 도미니세 Loraine Dominicé는, 150명의 심층 인터뷰 자료를 토대로, 첫눈에 반하는 사랑 (첫눈에 반한다는 뜻인 'le coup de foudre'는 직역하면 "벼락"을 뜻한다)의 경험에 몇 가지 공통된 특징이 있다고 말한다. 첫째, 내 인생을 송두리째 뒤흔드는 거세고 예상을 뒤엎는 경험이다. 둘째, 불가해하고 비이성적이다. 셋째, 처음 보자마자 닥쳐오는 경험이며, 따라서 상대방에 대한 인지적·누적적 이해에서 비롯되는 경험이 아니다. 첫눈에 반하는 사랑은 내 일상을 방해하며 영혼을 뿌리부터 뒤흔든다. 첫눈에 반하는 사랑에 대한 비유적 표현은 뜨거움, 자석, 천둥, 전기 등등인데, 다들 불가항력적인 힘을 가리킨다. 그런데 인터넷은 이러한 사랑의 전통과의 근본적인 단절을 보여준다.

첫째, 로맨틱한 사랑은 즉흥성의 이데올로기에 의존해온 반면, 인터넷은 파트너 선별 방식을 합리화할 것을 요구한다. 곧 사랑이 내

---

17 Žižek, Slavoj, 1989, *The Sublime Object of Ideology*, Verso: London, p. 32.
18 Schurmans, Marie-Noëlle & Loraine Dominicé, 1997, *Le Coup de Foudre Amoureux: essai de sociologie compréhensive*, Paris: Presses Universitaires de France.

의지와 이성을 압도하며 내 인생을 뒤흔드는 예기치 못했던 에피파니라는 생각은 인터넷의 요구와 모순된다. 둘째, 전통적으로 로맨틱한 사랑은 성적인 끌림과 긴밀하게 연결되어 있고, 성적인 끌림은 두 사람의 육체가 동일한 공간에서 마주칠 때 유발되는 것이 보통이다. 반면에 인터넷의 토대는 육체를 벗어난 텍스트 상호작용이며, 결과적으로 인터넷에서는 합리적 검색이 육체적 끌림에 선행한다(전자는 후자에 비해서 시간적으로도 앞서고 접근방식으로서도 우세하다). 셋째, 로맨틱한 사랑은 사심 없음을 전제한다. 곧 로맨틱한 사랑은 도구적 행동의 영역과 정서와 감정의 영역이 완전히 분리되어 있음을 전제한다. 반면에 인터넷 테크놀로지는 사람들이 구조화된 시장 내부에서 자기와 다른 사람에게 매기는 "가치"를 중시하며, 이로써 로맨틱한 상호작용의 도구화를 심화한다. 넷째, 사랑은 비이성적이다. 다시 말해 내 반쪽을 알아보는 데는 인지적·경험주의적 이해가 필요 없다. 반면에 인터넷에서는 상대방에 대한 인지적 이해가 내 감정에 선행한다(전자는 후자에 비해서 시간적으로도 앞서고 중요성에서도 앞선다). 마지막으로, 로맨틱한 사랑에서는 사랑의 대상이 하나밖에 없는 존재라고 가정되는 때가 많다. 곧 배타성은 로맨틱한 열정을 지배해온 희소경제에서 필수불가결한 요소이다. 반면에 인터넷의 취지라고 하면, 풍요경제·교환성의 경제라고 할 수 있다. 곧 인터넷데이트는 풍요경제 위에 기초하는 대량소비의 원칙들—끝없는 선택, 효율성, 합리화, 목표설정, 규격화—을 로맨틱한 만남의 영역에 도입했다.

    요컨대 우리는 로맨틱한 감수성의 주요한 변화를 목격하고 있다.

내가 『로맨틱한 유토피아 소비하기』Consuming the Romantic Utopia에서 설명했던 상황과 비교하면, 질적인 비약이 이루어진 것으로 보인다. 이 책에서 설명했던 것은 소비 자본주의가 로맨스의 핵심 경험들을 파괴하는 대신 심화하는 상황이었다. "재미"에 대한 갈망, 새로운 형식의 성적인 자유를 실험하려는 욕망, 감정적 친밀성의 모색 등이 여가산업 내부에서 체계적으로 활용되다 보니, 급기야는 로맨틱한 감정과 소비 경험을 구분하기 어려운 지경에 이르렀다. 따라서 상품의 영역이 감정의 영역을 타락시켰다는 생각은 잘못이었다. 한편, 내가 이 책에서 설명하는 상황은 질적으로 다른 상황이다. 로맨틱한 관계들이 시장 내부에서 구성되는 것은 물론이고, 로맨틱한 관계들 자체가 대량생산·대량소비되는 상품이 되었다. 결과적으로 감정의 어휘를 좌우하는 힘을 시장이 점점 배타적으로 장악하게 되었다.

어떻게 보자면, 아도르노와 호르크하이머 같은 비판이론가들의 암울한 파국의 진단을 인터넷데이트 사이트 디자이너들이 현실에 고스란히 적용한 것 같다. 내가 모은 자료들로부터 합리화, 도구화, 종합관리total administration, 사물화, 물신화, 상품화, 그리고 하이데거Martin Heidegger의 "액자화"enframing 같은 개념들이 튀어나오는 기분이었다. 인터넷이 감정과 사랑을 합리화하는 정도는 비판이론가들의 상상을 뛰어넘는 것 같다.

이런 비판론은 흡인력이 있는 논의이고 지당한 논의다. 하지만 나는 이런 비판론에 의존하지는 않으려고 한다. 좀더 구체적으로 말해서, 나는 이른바 "순수한 비판론"의 패러다임에 의존하지 않으려고 한다. 나는 이미 『오프라 윈프리와 고통의 영광』Oprah Winfrey and the Glamour of Misery에서 이것과 유사한 용어와 논거를 사용했다. 내가 그 책에서 표명한 견해가 바뀌지 않았기 때문에, 내가 그 책에서 사용한 표현도 바꾸지 않았다.[19]

전통적인 비판론, 특히 문화연구에서 빈번하게 사용되는 비판론은 이른바 "순수성에 대한 갈망"을 그 특징으로 한다. 많은 문화비평가들이 문화를 그토록 중시한다면, 그것은 그들이 문화를 아름다움, 도덕성, 정치의 이상들을 발견할 수 있는(발견해야 하는) 영역으로 보기 때문이다.

순수한 비판론은 문화를 정치 영역 안에 포섭하는데, 그러다 보니 순수한 비판론이 결국 하는 일은 문화가 어떻게 해방의 수단이 되거나 억압의 수단이 되는지, 문화가 어떻게 "쓰레기"를 만들어내거나 "보물"을 만들어내는지 그 방법들을 열거하는 일이 되어왔다. 이러한 입장은 우리의 문화 분석을 자칫 빈곤하게 만들 수 있다는 점에서 위험하다. 그 이유에 대해서는 바버라 존슨Barbara Johnson이 적절한 대답을 제공한다. "비판론은 경이의 여지를 남겨둬야 한다. 〔……〕 그래야 누군가가 또는 무언가가 내게 놀라움을 안겨주며 '내가 말 좀 하게 비켜'라는 말을 할 수 있다."[20] 문화 텍스트 및 문화 실천으로부터 놀라움을 경험하기 위해서는 그에 대한 사유를 세계에 대한 분명한

---

19 비판론에 대한 다음의 내용은 내 책 *Oprah Winfrey and the Glamour of Misery*, 2003, New York: Columbia University Press의 8장을 그대로 따르고 있거나 직접 인용하고 있다.

정치적·윤리적 입장을 전달할 수 있느냐(또는 없느냐)로 환원하는 일을 중단해야 한다.

순수한 비판론의 두번째 약점은 **총체적** 시각을 요구한다는 것이다. 예를 들어 내가 어떤 문화실천(텔레비전 프로그램, 인터넷 테크놀로지 등)에 대해서 그것이 소수민족이나 여성의 이익에 해롭다고 주장하는 경우, 나는 경제적·정치적·국내적 사회 영역의 관점을 취한다. 바꾸어 말해서, 순수한 비판론을 내세우기 위해서는, 하나의 영역(문화)이 다른 사회 영역(경제·정치·국내)을 반영하는 동시에 구성하고 있다는 가정과 모든 영역들이 좀더 근본적인 구조적 사회 논리에 따라서 기능적·변증법적으로 연결되어 있다는 가정이 필요하다. 곧 문화란 모든 사회 영역들의 관점에서 분석돼야 한다는 가정과 문화와 사회의 관계는 부분과 전체의 관계와 같다는 가정이 비판이론의 핵심이다.

그러나 서로 다른 사회 영역 사이에는 직접적인 연속성이 없다. 곧 여러 사회 영역들이 반드시 서로를 반영하는 것은 아니다. 다시 말해, 상징들과 가치들이 사회·정치·경제 영역에서 어떻게 "행위"할 것인지 우리는 사전에 알 수 없다. 이는 의도하지 않은 효과 때문이다. 막스 베버는 의도하지 않은 효과의 문제를 탁월하게 분석한 바

20   Salusinszky, I. & J. Derrida, 1987, *Criticism in Society: Interviews with Jacques Derrida, Northrop Frye, Harold Bloom, Geoffrey Hartman, Frank Kermode, Edward Said, Barbara Johnson, Frank Lentricchia, and Hillis Miller*, New York: Methuen, p. 159.

있다. 곧 하나의 영역(이를테면 종교)에서 생겨나는 행동, 생각, 가치의 원칙들은 원래의 영역(이를테면 경제)에서 의도했던 것과 전혀 다른 것을 산출할 수 있다. 좀더 간단히 말해서, 하나의 영역(이를테면 경제)에서 퇴행적인 것이 또 다른 영역(이를테면 문화)에서 진보적인 것일 수도 있고, 후자에서 퇴행적인 것이 전자에서 진보적인 것일 수도 있다.[21]

문화분석을 정치 영역 안에 포섭하는 순수한 비판론의 세번째 문제는 문화와 정치의 언어 사용 방법이 다르기 때문에 충돌이 불가피하다는 것이다. 우선 정치가의 언어는 지시적 언어다. 다시 말해 정치가의 언어는 도로가 건설되고 전쟁이 수행되는 실용 영역을 가리키는 언어, "현실"에 대하여 분명한 입장을 취하는 언어다(이를 테면 정치가는 자기가 세금을 올리자는 편인지 줄이자는 편인지 분명하게 밝혀야 한다). 반면에 문학이나 영화의 언어는 현실을 지칭하는 언어가 아니다. 곧 문학이나 영화에게 현실 왜곡에 대한 책임을 물을 수 없다. 예를 들어 문학이나 영화가 서로 모순되는 이야기를 할 때(곧 동시에 개인주의와 공동체를 찬양할 때), 우리는 문학이나 영화에게 소통의 규범을 위반한 데 대한 책임을 물을 수 없다. 둘째, 정치가는 진실한 말, 근거 있는 말을 해야 한다(거짓말을 하거나 틀린 말을 하

---

[21] 수많은 사례 중에 하나를 들자면, 19세기에서 20세기로 넘어가는 시점에서 자본가들은 점증하는 소비자 수요에 부응하기 위해 여성들을 고용했다. 여성들의 임금은 같은 일을 하는 남성들에 비해 아주 낮았다. 이러한 조야한 경제적 불평등이 페미니즘 운동의 강력한 동력이 되었다. Hobsbawm, Eric J., 1987, *The Age of the Empire*, 1,875~1,914 참고.

는 경우에는 그에 대한 책임을 져야 한다). 반면에 문학이나 영화는 참/거짓과는 무관하다. 물론 어느 영화를 놓고 너무 리얼하다거나 반대로 리얼함이 부족하다며 비판하는 것은 가능하겠지만, 어떤 영화나 소설을 놓고 "거짓말"을 하고 있다거나 인플레이션과 실업을 제대로 이해하지 못하고 있다며 비판하는 것은 이상하다. 대중문화도 마찬가지다. 곧 정치적 기준으로 대중문화를 평가하는 것이 그렇게 올바른 태도는 아니다. 대중문화 텍스트는 자의식적이고, 고의적으로 양면적이고, 아이러니하고, 자기반영적이고, 자기모순적이고, 역설적이다. 이런 것이 바로 문화 산물들의 특징이며 그것은 TV도 예외가 아니다. 요컨대 문화 산물들은 정치 영역 안에 포섭될 수 없다(적어도 우리가 전통적으로 이해하는 정치 영역 안에는 포섭될 수 없다).[22] 물론 문화는 우리 사회관계들의 확장이다. 다시 말해 문화의 체계적 침묵·폐쇄·적대는 우리 사회관계들의 침묵·폐쇄·적대의 확장이다. 그럼에도 불구하고 문화는 정치로 봉쇄·포섭될 수 없다.

문화를 정치로 포섭하려 할 때 발생하는 마지막 문제는 비평가가 신의 자리와도 같은 머나먼 자리로 쫓겨나게 된다는 데 있다. 문화민주주의가 지배하는 오늘날, 이러한 비평적 거리는 점점 그 근거를 잃고 있다. 아노르도가 재즈를 거부했던 것도 문화의 토양인 구체적

---

22   이것은 Nussbaum이 Dworkin & McKinnon과의 논쟁에서 취한 관점이다. "Objectification," in Nussbaum, Martha C., 1999, *Sex and Social Justice*, New York: Oxford University Press 참고. Martha C. Nussbaum, 1995, "Objectification," *Philosophy and Public Affairs* 24(4): 249~291로 먼저 나온 논문이다.

경험과 의미로부터의 급진적 (그리고 잘못된) 거리두기의 유명한 사례 중 하나다. 비판론이 위력을 발휘하는 때는 신적인 순수성을 버리고 평범한 작용주체들의 구체적 문화 실천들에 대한 심층적 이해를 모색할 때이다. 그러다 보면 순수성이 "훼손"되는 것은 어쩔 수 없다. 그러나 후기 자본주의 시대의 문화비평가는 고도로 상품화된 전장을 비판하면서도 비평가 자신도 (선택이든 필연이든) 전장 안에 자리매김되어 있고, 그런 만큼 순수성은 더욱 훼손돼야 한다. 19세기 지식인은 자본주의가 미치지 못하는 "다른 곳"으로 물러서서 자본주의를 비판할 수 있었다. 하지만 이와 달리 오늘날의 비판론 가운데 자본주의 제도들 및 기구들의 영향력을 벗어날 수 있는 것은 거의 없다. 물론 그렇다고 해서 비판론을 포기하고 온갖 사회 영역들에 대한 자본주의의 지배를 받아들여야 한다는 말은 아니다. 오히려 우리는 우리가 맞서고자 하는 시장 세력 못지않은 교묘한 해석 전략들을 계발해야 한다. 비판론의 힘은 대상에 대한 친밀한 이해에서 나온다. 이는 비판론을 없애자는 말과는 전혀 다르다. 오히려 우리는 비판론이 필요하다. 요컨대 우리가 만들어야 하는 비판론은 문화가 일정한 정치적 아젠다(평등, 해방, 가시화)를 어떻게 증진하는가(혹은 증진하지 못하는가)를 "열거"하는 비판론이 아니다.

사실 이러한 주장은 내재적 비평 방법론을 사용하는 비판이론("대상의 원리 및 대상의 척도에서 출발하여 그 의미 및 결과를 밝히는" 비판이론)의 목표와도 일치한다. 데이비드 헬드David Held의 말대로, "비판론은 내부에서 출발한다. 내부에서 출발함으로써 비판론은 대상에 대한 부적절한 평가 기준을 강제한다는 비난을 피할 수 있다."[23] 불행히도 비판이론을 내재적 비평으로 이해하는 관점은 충분히 주목받지 못했고, 아도르노 역시 내재적 비평 방법론을 항상 적용했던 것은 아니었다.

"불순한 비판론"의 모델을 매우 훌륭하게 발전시킨 것은 정치철학자 마이클 왈처였다. 흥미로운 저서인 『정의의 영역들』Spheres of Justice[24]에서 왈처는 사회 영역이 다르면(이를테면 가족 또는 시장) 정의의 원칙도 달라야 한다고 주장한다. 각각의 영역은 재화의 종류가 다르며(이를테면 사랑 또는 돈), 재화의 종류가 다르면 재화 분배 방식역시 달라지기 때문이다. 여기서 왈처는 정의의 "영역"이 하나가 아니라는 유명한 주장을 펼쳤다. 사회 영역이 다르면 작동의 원리도 달라진다. 곧 해당 영역에서 무엇이 가치 있는 것인지를 정의하고 가치 있는 재화로 통하는 자원을 공평하게 분배하는 방법을 정의하는 원리는 각각의 사회 영역마다 다르다. 이후 『비평가 집단』The Company of Critics[25]과 『해석과 사회비평』Interpretation and Social Criticism[26]에서 왈처는 『정의의 영역들』에서 제기했던 주장을 비평 활동으로 확장했다. 다시

---

[23] Held, D., 1980, *Introduction to Critical Theory: Horkheimer to Habermas*, Berkeley: University of California Press, pp. 183~184.

[24] Walzer, M., 1983, *Spheres of Justice*, New York: Basic Books.

[25] Walzer, M., 1988, *The Company of Critics: Social Criticism in the Twentieth Century*, London: Peter Halban.

[26] Walzer, M., 1987, *Interpretation and Social Criticism*, Cambridge, MA: Harvard University Press.

말해 왈처는 문화비평가가 어떤 문화 실천을 비평하려면 자기가 비평하고 있는 공동체(또는 사회 영역) 내부에서 통용되는 윤리 기준을 사용해야 한다고 주장했다. 바꾸어 말해서 왈처는 비평가의 윤리적 평가가 비평 대상의 평가원칙 및 윤리기준과 긴밀히 연결돼야 한다고 주장했다. 나도 같은 생각이다. 곧 우리는 우리가 분석하는 대상의 전통·기준·의미에 대해서 최대한 내재적인 평가 기준을 계발해야 한다. 이런 방식으로 사회 실천들을 다루는 비판론을 "불순한 비판론"이라고 하자. 이런 비판론은 사람들이 가진 욕망과 욕구를 더욱 조장하는 실천들(우리가 보기에 혐오스러울 수 있는 실천들)과 그러한 욕망과 욕구의 실현을 차단하는 실천들 사이에서 미묘한 줄타기를 한다. 어떻게 보자면 라투르와 칼롱의 방법론을 떠올릴 수도 있다.[27] 라투르와 칼롱은 서로 경쟁하는 여러 학문 이론들을 분석하는 연구자는 어느 쪽이 승자이고 어느 쪽이 패자인지 모른다는 것을 전제해야 한다고 했는데, 나도 같은 생각이다. 곧 우리는 사회적인 것 the social을 분석함에 있어 해방적인 것이 무엇이고 억압적인 것이 무엇인지 미리 알고 있다고 전제해서는 안 되며, 사회 실천들에 대한 두꺼운 맥락적 이해를 통해 해방적인 것과 억압적인 것이 스스로를 드러내게 해야 한다.

---

[27] Latour, Bruno, 1988, *The Pasteurization of France*, Cambridge, MA: Harvard University Press; Callon, Michel, 1986, "Some Elements of a Sociology of Education," in John Law (ed.), *Power, Action and Belief*, London: Routledge & Kegan Paul, pp. 196~233.

판타지와 실망

그렇다면 인터뷰 응답자들과 인터넷데이트 지침서들이 가장 크게 우려하는 문제, 곧 실망의 문제를 가지고 나의 비판론을 시작해보겠다. 인터넷데이트 사이트가 풍요로운 선택의 여지를 제공하고 있음에도 불구하고 대부분의 응답자는 반복적인 실망을 느꼈다고 답한다. 전형적인 시나리오를 보면, 우선 잠재적 파트너 리스트를 브라우징한다(아니면 누군가로부터 이메일을 받는다). 그 다음엔 포스팅된 사진과 프로필을 토대로 이메일 교신을 결심한다. 그리고는 일이 순조롭게 진행되면 데이트에 대한 판타지를 시작한다. 결국 좋은 느낌들이 통화로 이어진다. 응답자 다수가 상대방의 음성이 마음이 드는 경우 상대방에 대한 아주 강한 감정들을 발전시킬 수 있다고 응답했다. 이는 상상력이 외부의 도움 없이 감정을 생성할 수 있음을 뜻한다.

통화까지 순조롭게 진행되면 실제 만남으로 이어질 수 있다. 대다수의 사람들이 바로 이 지점에서 엄청난 실망을 맛본다. 실망의 문제가 얼마나 보편적인지, 한 인터넷데이트 지침서에는 "사진충격 대처법"이라는 섹션까지 있다. 이 섹션은 이런 말로 시작된다. "음성충격이 컸다고? 그런 말은 사진충격을 경험하고 나서 해라. 사진과 비슷해 보이는 사람은 거의 없다. 동영상 서비스를 제공하는 사이트에 가입한다 해도 놀라기는 마찬가지일 것이다."[28] 이어지는 섹션의 제목은 한술 더 떠 "극도의 실망을 느낄 때의 행동요령"이다.[29] 흔히 사람들은 실망의 원인을 부풀려진 자기소개 또는 불합리하게 높은 기대와 제한될 수밖에 없는 현실 간의 괴리에서 찾는다. 곧 인터넷 테크놀로지가 현대 특유의 경험으로 여겨지는 경험의 차원(기대와 경험의 괴리)을 심화시킨다는 것이다. 코젤렉Reinhart Koselleck은[30] 여기서 한발 더 나아가, 현실과 포부 간의 거리가 멀어지는 것이 바로 모더니티의 특징이라고 주장했다.[31] 하지만 이러한 주장에 대해서 충분한 분석과 이해가 이루어진 것은 아니라고 생각된다. 현대문화가 비현실적인 기대들을 만들어낸다는 말은 정확히 무슨 뜻인가? 그런 기대들은 도대체 어떻게 만들어지는가? 그리고 왜 기대가 어긋날 때 실망을 느끼게 되는가? 현실은 판타지와 대체 무슨 관계이기에 현실은 그토록 엄청난 실망을 맛보게 하는가?

상상력(판타지의 문화적·제도적 조직 및 배치)은 추상적·보편적 정신활동이 아니다. 오히려 상상력에는 문화형식이 있으며, 이는 분석해야 할 대상이다. 베네딕트 앤더슨Benedict Anderson도 이와 비슷한 주장을 편다. 그의 유명한 저서 『상상된 공동체』Imagined Communities에서 앤더슨은 공동체를 상상하는 방법을 구분하는 기준은 진실한 방법이냐 거짓된 방법이냐가 아니라 **상상의 양식**이라고 주장한다. 마찬

---

28 Silverstein & Lasky, 2004, *Online Dating for Dummies*, p. 227.
29 Ibid.
30 Habermas, Jürgen, 1990, *Moral Consciousness and Communicative Action*, Cambridge: Polity.
31 코젤렉의 말로, "근대에는 경험과 기대 간의 격차가 점점 벌어진다. 좀더 정확히 말해서 근대성이란 기대가 이전의 모든 경험으로부터 멀어진 시대라는 의미에서 새로운 시대로 이해된다. 이것이 내 논제이다"(Habermas, *Moral Consciousness*, p. 12에서).

가지로 인터넷이 촉발·유도하는 종류의 백일몽과 상상력은 인터넷 특유의 상상의 양식을 갖는다. 이를 규명하는 것이 우리의 과제다.

인터넷데이트 사이트의 상상의 양식(사이트에 의해 사이트에 배치되는 상상의 양식)을 이해하기 위해서는 테크놀로지의 맥락(만남을 탈육체화하고, 그 만남을 순수한 심리적 사건으로 만들며, 주관성을 텍스트화하는 테크놀로지)을 고려해야 한다. 이러한 상상의 양식을 해명하고 이것이 탈육체화와는 어떠한 관계에 있는지를 밝히기 위해서 우선 반대 방향에서 논의를 진행해보겠다. 다시 말해 사람과 사람이 얼굴 대 얼굴, 육체 대 육체로 만난다는 것이 무엇인지를 분석해보겠다.

우선, 고프만은 함께 있는 두 사람은 두 가지 종류의 정보를 주고받는다고 주장한다. 하나는 본인이 제공하는 정보이고, 다른 하나는 "발산"되는 정보이다. 고프만은 실제 만남에서 정말 중요한 것은 본인이 인심 좋게 제공하는 정보가 아니라 자기도 모르게 발산되는 정보라고 주장한다. 발산되는 정보는 (이른바 최선의 자아 best self가 무색하게도) 자기 몸을 어떻게 쓰느냐에 달려있다(음성, 시선, 자세 등). 이는 우리의 상호작용 다수가 의식적으로 검열되는 부분과 전혀 통제될 수 없는 부분 간의 일종의 절충임을 뜻한다. 바꾸어 말해서, 육체적 상호작용 중에 내가 소개하고 싶은 나와 내가 통제할 수 없는 나 사이에 간극 내지 균열이 존재하기 마련이고, 상대방은 내가 의식하지 못하는 부분에서 더욱 강한 인상을 받을 테니, 나를 말로 표현하는 것은 그만큼 어려운 일이 된다.

예를 들어 미셸이라는 여성 응답자는 인터넷데이트에 대한 이야기를 들려준다. 미셸은 젊은 대기업 사원이다.

미셸: 그렇게 그 남자를 만났어요. 얼마 동안 메일을 주고받다가 만나기로 했죠. 카페에서 만났는데, 나는 악수를 하는 순간 즉시 꽝이라는 것을 알았어요.
질문자: 즉시 알았어요?
미셸: 네, 즉시.
질문자: 어떻게 즉시 알았나요?
미셸: 악수할 때 느낌으로 알았어요. 그 남자 손이 어딘지 모르게 너무 나긋나긋하고 힘이 없었는데, 나는 왠지 그게 싫었어요.

미셸은 이 남자의 인격을 남자가 거의 의식하지 못할 작은 동작 하나(악수할 때 손을 쥐는 방법)를 통해서 환유로 해석했다. 인지심리학자 티모시 윌슨Timothy Wilson의 저서는 이를 좀더 분명하게 보여준다. 프로이트의 무의식과 구별되는 비의식적 자아non-conscious self를 연구해온 윌슨은 "사람들이 머릿속에 구축하는 자아는 그들의 비의식적 자아와 일치하는 데가 거의 없다. 이를 보여주는 증거들은 점점 늘어나고 있다"라고 주장한다.[32] 비의식적 자아는 세계(내가 잘 알지 못하

---

[32] Wilson, Timothy D., 2002, *Strangers to Ourselves: Discovering the Adaptive Unconscious*, Cambridge, MA: Belknap Press, p. 73.

고 내 힘으로 거의 통제할 수 없는 세계)에 대한 자동적 반응 일체로 구성되어 있다. 이는 사람들이 자기를 잘 알지 못하고 자기를 잘 알 방법도 없다는 것과, 자기가 어떤 사람에게 어떤 느낌을 받는지 잘 모른다는 것을 의미한다. 윌슨의 말대로 우리는 우리의 감정적 상태를 이해하고 예측하는 일에 서툰 것 같다. 우리 자신에 대한 심리학적 지식을 이렇게나 많이 쌓아놓았는데 말이다.

둘째, 고프만은 물리적으로 함께 있는 사람들은 가까움을 경험한다고 말했다. "사람들은 내가 상대방을 경험하는 일을 포함해서 내가 하고 있는 모든 일을 지각당할 만큼 가깝다는 느낌, 그리고 이처럼 지각당한다는 느낌마저 지각당할 만큼 가깝다는 느낌"[33]을 경험한다. 다시 말해 상호작용이란 상대방의 육체적 현존을 지각한 뒤 그에 따라 내가 무슨 말을 해야 하고 어떻게 행동해야 하는지를 조정하는 미묘한 과정이다. 이처럼 두 사람의 육체적 공존으로부터 특별한 종류의 상호성mutuality이 발생한다. 여기서 고프만이 말하는 상호성은 인지적 사회성과 양립할 수 없는 실용적 사회성을 뜻한다. 인터넷은 바로 이런 인지적 이해, 텍스트 기반의 이해를 우선시함으로써 우리가 구체적 상호작용에서 행하는 반半의식적 조정semi-conscious adjustment을 방해하게 된다. 예를 들어보자. 한 데이트 지침서의 저자는 헬렌이라는 고객의 사례를 들려준다. "헬렌은 현실생활에서 자기에게 관심을

---

[33] Goffman, Erving, 1963, *Behavior in Public Spaces: Notes on the Social Organization of Gatherings*, New York: The Free Press, p. 17.

보이는 남자에 대해서 말했다. 헬렌은 그 남자가 인터넷데이트 사이트에 올린 프로필을 살펴보았는데, 알고 보니 헬렌의 나이는 그 남자가 원하는 연령 한계보다 세 살이 많았다. 바꾸어 말해서 이 두 사람은 인터넷에서는 결코 만나지 못했을 것이다."[34] 이처럼 인터넷은 사회성의 핵심 요소 가운데 하나인 **나 자신과** 그때그때 타협하는 능력(타협의 결과에 따라서 다른 사람과의 관계를 받아들일 것인지 말지를 결정하게 된다)을 훨씬 더 어렵게 만든다. 곧 인터넷은 우리의 취향과 견해를 사물화시키기 때문에, 만남의 성패는 만남이 이미 문자텍스트written text로 만들어져 있는 선호조건들을 똑같이 재현할 수 있는가에 의존하게 된다. 이는 고프만이 말했던 종류의 육체적 공존과 배치된다. 올가라는 여성 응답자의 예를 보자. 올가는 31세로 아주 아름다운 저널리스트이며 거주지는 캘리포니아다. 올가는 1999년부터 인터넷을 이용해왔는데 별로 성과가 없었다고 한다. 많은 남자들을 만났지만 만나면 곧 실망하게 되었다는 것이다. 하지만 지금 올가는 인터넷에서 만난 할리우드 스크립트라이터와 몇 달 동안 진지한 관계를 유지하고 있다. 나는 왜 이 남자는 되는데 다른 남자들은 안되냐고 물었다. 올가는 이렇게 대답했다.

> 아까도 이야기했지만, 다른 남자들을 만날 때는 항상 실망감이 있었어요. 사진이 실물과 비슷했던 적은 정말 단 한 번도 없었어요.

---

[34] Katz, *I Can't Believe I'm Buying This Brook*, p. 105.

그런데 이 남자, 토머스의 사진을 보았을 때, 나는 이럴 리가 없다고 생각했어요. 이렇게 잘 생긴 사람이 인터넷에 있을 리가 없다, 그런 생각이었지요. 사진은 장난인 줄 알았어요. 그런데 막상 만나니까, 실물이 사진보다도 낫더라고요. 게다가 이 남자는 자기가 얼마나 잘 생겼는지 모르고 있었어요. 그걸 모르더라고요.

이 응답은 두 가지 면에서 흥미롭다. 우선, 다른 남자들이 실패한 곳에서 이 남자가 성공할 수 있었던 이유는 실물 수행live performance이 텍스트 수행textual performance을 재현할 수 있었고, 나아가 능가할 수 있었기 때문이다. 그런데 올가에 따르면, 이 남자의 경우 라이브가 텍스트를 능가할 수 있었던 이유는 자기의 외모를 의식하지 않았기 때문이다. 실제로 자신의 외모를 의식하지 않게 되면 인터넷이 전제·요구하는 인지적·경제적 자기평가·자기소개 과정을 피할 수 있다.

셋째, 이러한 응답의 중요성은 로맨틱한 끌림의 경험에 대한 사회심리학 분야의 연구와 비교할 때 더욱 부각된다. "로맨틱한 관계가 시작될 때, 피상적인 듯한 외모가 매우 중요한 의미를 갖는다. '훌륭한 인성'을 발견하는 것은 그리 중요하지 않은 것 **같다**." 로맨틱한 끌림의 원인들을 규명하는 실험에서, 성인들과 십대들을 대상으로 데이트에서 가장 중요한 것이 무엇인지 분명하게 말로 표현해줄 것을 요구했다. 남성 응답자들은 "진실성"sincerity, "다정다감한 성향"affectional disposition 같은 인격적인 특질들이 외모보다 중요하다고 주장했다.[35] 같은 실험에서, 피실험자들에게 예쁘지 않은 여자들과 아주 예쁜 여자들의 사진을 보여주고 사진 속 여자의 인성 스케치를 읽게 했다. 똑같은 여자를 한 번은 "신의 없음", "불안정한 성격", "과시적임" 같은 단어들로 소개했고, 또 한 번은 "신의 있음", "안정적인 성격", "다소곳함" 같은 단어들로 소개했다. 그러나 평가에는 아무 차이도 없었다. 피실험자들은 여자의 인격에 상관없이 항상 예쁜 여자를 예쁘지 않은 여자보다 선호하는 것으로 밝혀졌다. 요컨대 이 실험은 두 가지 점에서 중요하다. 첫째, 일반적으로 사람들은 인성이 중요하다고 생각하지만, 사실 대인관계에서 인성상의 특질들이 수행하는 역할은 아주 미미하다. "끌림은 극히 중요하다. 우리는 육체적·인간적 매력을 풍기는 사람에게 이끌린다."[36]

둘째, 사람들이 아무리 상대방에 대한 끌림을 조절하기 위해 노력한다 해도, 사실 사람들은 자기가 어떤 사람에게 왜 끌리는지 잘 모른다. 이 대목에서 메를로-퐁티Maurice Merleau-ponty의 비판론을 끌어오는 것도 가능하다. 메를로-퐁티는 현상적인 것the phenomenal의 지각에 대한 경험주의적 접근방식을 비판하는 체계적 이론을 전개했다. 메를로-퐁티에 따르면, 경험주의자는 지각과 감지sentir에서 "신비"를 제거한다. 메를로-퐁티는 감지sentir와 인지connaître를 구분하는데, 여기서 인지란 대상의 속성들, 곧 대상의 이른바 죽은 특징들qualités

---

35 Hatfield, Elaine & Susan Sprecher, 1986, *Mirror, Mirror: The Importance of Looks in Everyday Life*, Albany: State University of New York Press, p. 118.
36 Ibid., p. 119.

mortes을 토대로 한 대상 인식을 가리킨다. 반면에 감지란 객체의 능동적active 속성들을 경험하는 것이다. 움직이지 않는 몸을 보는 것은 움직이는 몸을 보는 것과 다르다. 메를로-퐁티에 따르면 지각을 이해의 행위로 다룰 때 지각의 "실존적 배경"은 망각된다. 부르디외는 육체를 사회적 상호작용의 핵심에 자리매김함으로써 메를로-퐁티와 비슷한 주장을 펼친다. "플라톤주의가 200년 동안 우리의 사유를 지배해왔으니, 육체가 이론적 반성행위와는 다른 논리에 따라서 '스스로를 사유'할 수 있다는 생각을 하기가 어렵다."[37] 부르디외에 따르면 육체가 스스로를 사유할 수 있는 이유는 사회적 경험이 육체 속에 축적·전시되기 때문이다. 요컨대 육체는 사회적 경험의 그릇이며, 바로 그런 이유에서 육체적 끌림은 비이성적인 것, 피상적인 것이 아니라, 사회적 유사성의 인정 메커니즘을 작동시키는 추진력이다. 이렇듯 탈육체화된 심리학적 테크닉이 나 자신과 다른 사람들을 이해하는 방법과는 달리, 알고 보면 육체는 상대방을 이해하고 사랑하게 되는 최선의 방법이자 유일한 방법이다.

영화 〈유브 갓 메일〉로 돌아가서, 왜 인터넷 커플이 연애에 성공하느냐는 질문을 다시 한 번 던져보자. 앞서 말한 대로 이 영화의 장르는 "스크루볼" 코미디, 곧 남자와 여자가 아옹다옹 싸우면서 앙숙이 됐다가 마침내 결합 혹은 재결합하게 되는 장르이다. 스크루볼 로

---

[37] Bourdieu, Pierre & Loïc Wacquant, 1992, *An Invitation to Reflexive Sociology*, Chicago: University of Chicago Press, p. 172.

맨틱 코미디의 본질은 남녀 주인공이 앙숙이면서도 서로에게 강렬하게 끌린다는 데에 있다. 실제로 이 영화를 끌어가는 힘은 톰 행크스와 메그 라이언 사이의 긴장이다(알다시피 스크루볼 로맨틱 코미디의 전통에서 이러한 긴장은 끌림으로 연결되며, 때로 끌림 그 자체이다). 라이언(캐슬린)은 결혼하기로 했던 남자친구와 헤어지는데, 이 헤어지는 커플은 "서로가 서로의 완벽한 상대"이면서도 실은 서로 사랑하지 않았다는 것을 깨닫는다. 반면에 메그 라이언과 톰 행크스 사이에는 장애물뿐이지만(특히 이 두 사람은 사업상의 경쟁자고, 라이언이 운영하는 귀여운 어린이책 서점은 행크스 때문에 파산한다), 이들의 적대감 뒤에는 엄청난 끌림이 감춰져 있으며, 적대감이 바로 끌림의 원천이라고 말할 수도 있다. 바꾸어 말해서, 한편으로 이 영화는 새로운 종류의 탈육체화된 사랑, 곧 자기표현, 관계에 대한 이성적 검열, 탈육체화된 테크놀로지로 매개되는 선택적 친화력에 기초하는 사랑을 긍정적으로 그리고 있지만, 다른 한편으로 이 영화의 내러티브 관습은 이와 대립하는 사랑 개념(사랑이란 저항할 수 없는 비이성적 끌림이며, 사랑의 감정이 생기려면 두 사람의 육체가 같이 있어야 한다)을 지지·광고·구현한다. 우선, 로맨틱 전통을 따르는 스크루볼 코미디에서 사랑은 남녀 주인공의 의식적 코기토와 정확하게 상반되는 방향으로 분출된다. 또한 인터넷 펜팔이 실제로 만났을 때(메그 라이언과 톰 행크스는 이미 상대방을 사랑하고 있는 상황이다) 상대방에 대한 인지적 이해는 서로에게 사랑을 고백하는 결말에서 아무 역할도 하지 않는다. 곧 이들이 사랑에 빠지게 된 것은 육체적 끌림 때문이지 인터넷의 감정적 친화력 때문이 아니다. 요컨대 인터넷 로맨스로 보이는 이 영화는 알고 보면 전통적인 로맨스다. 우선, 주인공 남녀가 상대방을 직접 만나보지 않은 상태에서 상대방에 대해 알고 있는 점은 일단 상대방을 직접 만난 다음에는 아무 의미가 없다. 또한, 만약 캐틀린이 현실에서 조를 만난 적이 없었다면, 조를 그렇게까지 좋아하지는 않았을 것이다. 현실이든 영화든, 로맨틱한 끌림(따라서 사회적 끌림)을 유발하는 것은 육체다.

그럼 이제 다시 한 번 이 섹션 도입부의 질문을 던져보자. 인터넷에 배치되는 종류의 상상력은 어떤 상상력인가? 왜 인터넷 상상력은 그렇게 자꾸만 실망으로 이어지는 것이며, 인터넷 상상력이 실망하는 데에 탈육체화는 어떤 역할을 하는가? 흔히 생각하듯 사랑은 상상적 각본을 작동시키며, 이렇게 작동된 각본은 사랑의 대상에 신비와 권능을 부여한다. 관습적인 지혜가 현실과 분리되어 있는 것과 달리, 이런 상상력은 종종 작은 몸짓 하나(내가 이 세상 속에서 나의 몸을 움직이는 방법)에 의해서 촉발된다. 에셀 스펙터 퍼슨Ethel Spector Person은 환자들이 사랑을 어떻게 묘사하는가를 관찰해온 정신분석학자인데, 퍼슨에 따르면, "그것은 바람 불 때 담뱃불을 붙이는 방법일 수도 있고, 흘러내린 머리칼을 올릴 때 고개를 움직이는 방법일 수도 있고, 전화 말투일 수도 있다(개인적으로 나는 이런 동작들이 상대방의 인성과 포부에 대해서 많은 것을 '말해준다'고 생각한다 (……))."[38] 바꾸어 말해서, 대수롭지 않은 육체적 제스처가 로맨틱한 판타지와 로맨틱한 감성을 유발할 수 있고 또 실제로 유발한다. 프로이트는 이를 설명하기 위해 플라톤을 끌어온다. 곧 우리가 사랑할 때 불가해한 디테일, 비이성적인 듯한 디테일에 감동받을 수 있는 이유는, 우리가 누군가를 사랑할 때 우리가 실제로 사랑하는 것은 잃어버린 대상이기 때문이다. "사랑받는 존재는 사랑하는 존재에게 엄청난 위력을 행사하는 것처럼 보이는데, 이는 과거에 잃어버린 모든 대상들의 신비성이 사랑의 대상 속에 투여되어 있기 때문이다."[39] 바꾸어 말해서, 프로이트가 살았던 특수한 문화지형에서, 사랑과 판타지는 둘 다 과거의 경험과 현재의 경험을 구체화된 상호작용 속에서 혼합하는 능력들이라는 점에서 밀접한 관련이 있었다.

이렇게 볼 때, 상상력이란 현실적 대상에 대한 "현실적" 경험을 대신해 그것이 현실생활에서 불러일으키리라고 예상되는 감정들을 경험하는 능력이다. 이렇듯 상상력은 부재하는 것을 현존하게 하기 위해 감각·느낌·감정에 의존한다는 의미에서, 현실을 제거하는 것이 아니라 오히려 현실에 의존한다. 우선, 전통적인 로맨틱한 상상력은 육체에 기초하는 것으로서, 경험을 종합하고 현재의 대상을 과거의 심상 및 경험과 혼합·결합하며, 상대방에 관한 두어 가지 "의미심장한"revealing 디테일에 주목한다. 또한 전前인터넷 시대의 로맨틱한 주체의 사랑은 이상화 과정을 통해서 상상력을 촉발했다. 사랑한다는

38 Person, Ethel Spector, 1988, *Dreams of Love and Fateful Encounters: The Power of Romantic Passion*, New York: Norton, p. 43.
39 Ibid., p. 114.

것은 과대평가한다는 것, 곧 (현실적) 타자에게 실제보다 높은 가치를 매긴다는 것이었다. 상대방은 이상화 행위를 통해서 유니크한 존재가 되었다.[40] 요컨대 전통적인 사랑에서 상상력은 기본적으로 네 가지 과정을 통해서 생성된다. 첫째, 육체에 기초하는 끌림이 경험된다. 둘째, 이런 끌림을 통해 주체의 과거의 관계들과 경험들이 동원된다(프로이트는 이런 경험들을 엄격하게 심리학적·생물학적 경험으로 보았지만, 부르디외처럼 사회적·집단적 경험으로 볼 수도 있다). 셋째, 두번째 과정은 반의식적 차원 또는 무의식적 차원에서 진행됨으로써 이성적 코기토를 우회한다. 마지막으로, 전통적 사랑은 타자를 이상화한다(사랑은 정의상 타자의 이상화다). 곧 전통적 사랑은 내가 사랑하는 사람에게 나보다 높은 가치를 매긴다. 이런 이상화는 종종 내가 그 사람에 대해 알고 있는 것과 알지 못하는 것의 결합을 통해서 발생한다.

사랑의 이러한 자아동원 능력은 부르디외의 패러다임을 이용할 때 좀더 분명하게 밝혀진다. 부르디외의 규정에 따르면, 누군가를 사랑한다는 것은 나의 과거와 나의 사회적 운명을 인정한다는 것(따라서 나의 과거와 나의 사회적 운명을 사랑한다는 것)인데, 사회적 운명이 가장 명백하게 드러나는 곳이 바로 육체이며, 사회적 운명이 가장 명백하게 드러내는 때가 바로 사랑에 빠질 때다. 곧 사랑한다는

---

[40] Mitchell, Stephen A., 2003, *Can Love Last?: The Fate of Romance over Time*, New York: Norton, pp. 95~104.

것은 자기의 사회적 과거와 자기의 사회적 포부를 누군가의 육체 속에서 리비도적으로 인정한다는 것이다.

이러한 부르디외의 관점은 의사결정 과정에 대한 인지심리학 분야의 최근 연구로도 증명된다. 이러한 연구는 사람들이 의사결정 과정에서 이른바 "직관적 사유"를 사용한다는 것을 입증했다. 직관적 사유란 인지심리학자들이 "단면화"thin slicing라고 부르는 것으로, 사람들, 문제들, 상황들에 대해 정확한 스냅판단을 내리는 능력을 말한다. 무의식적 사유과정에서 비롯되는 이런 스냅판단들은 과거의 경험을 동원함으로써 내 관심을 대상의 모든 구성요소들로부터 몇몇 구성요소들로 한정하는 능력이다. 사랑에 빠질 때, 나는 나의 과거 속에 축적되어 있는 사람들을 발견·재발견하게 되고, 몇몇 디테일에 주목하게 된다. 곧 내가 상대방을 바라보는 시각은, 파편화된 시각, 체크박스 같은 시각이 아니라, 전인적인 시각이다. 인지심리학자들의 관점에 따르면, 전통적인 사랑의 모델이 육체에 주목하는 것은 판단 실패라기보다는 오히려 가장 효율적이고 가장 신속한 의사결정 방법이다.

이렇듯 전통적인 사랑을 지지하는 문화·사회·인지 지형에서 사랑에 빠질 때 풀어야 할 숙제는 무의지적 사랑(비이성적인 듯한 사랑)과 일상 생활에서 유지될 수 있는 사랑을 연결하는 통로를 만드는 것이다. 반면에 인터넷 상상력은 이와 전혀 다른 문제를 제기한다. 한마디로 말해 인터넷 상상력은 판타지를 풀어놓되 로맨틱한 느낌을 차단한다. 인터넷 상상력을 유도하는 것은 사진 텍스트와 프로필 텍스트, 그리고 상대방에 대한 언어적·이성적 지식(감각에 기초하는 지식이 아니라 범주와 인지에 기초하는 지식)이다. 곧 인터넷 상상력을 유도하는 것은 특정 상대에게 내재하는 속성이 아니라 내가 투사하는 상대방의 모습이다. 한 데이트 지침서는 이를 다음과 같이 표현하고 있다. "잠깐 눈을 감아보자. 그녀의 모습을 머릿속에 그려보자. 그녀는 몇 살인가? 그녀는 키가 얼마인가? 그녀의 머리카락과 눈동자는 무슨 색깔인가? 그녀는 어떤 체형인가? 그리고 그녀의 육체적 속성보다 어쩌면 더 중요할 질문을 던져보자. 그녀는 어떤 인성인가?"[41] 판타지를 만드는 과정, 곧 누군가를 찾는 과정은 실제 만남에 앞서 추상적 속성, 탈육체적 속성의 목록을 작성하는 과정이다. 이와 같은 목록은 내가 희망하는 이상형에 부합하는 것으로 가정되며, 이런 이상형은 내가 나 자신의 욕구와 나 자신의 인성 특질들을 숙지하고 있음을 전제한다. 요컨대 로맨틱한 상상력은 육체에 기반하는 것으로서, 메를로-퐁티가 말하는 이른바 **감지**sentir의 차원에서 진행되는 반면, 인터넷 상상력은 지각의 실존적 배경을 제거하는 **인지**connaître의 차원에서 진행된다.

    인터넷이 제공하는 종류의 지식은 상대에 대한 맥락적·실용적 지식과 유리·단절되어 있고, 그런 의미에서 상대방에 대한 전인적인 이해에는 무용하다. 빌리 와일더Billy Wilder 감독의 〈하오의 연정〉이라

---

[41] Edgar, Howard Brian & Howard Martin Edgar, 2003, *The Ultimate Man's Guide to Internet Dating: the Premier Men's Resource for Finding, Attracting, Meeting, and Dating Women Online*, Aliso Viejo, CA: Purple Bus, p. 12.

는 영화에서 오드리 헵번Audrey Hepburn은 사랑하는 남자인 개리 쿠퍼 Gary Cooper에게 자기는 "너무 깡말랐고"too thin 목이 너무 길고 귀가 너무 크다고 말한다. 그러자 남자는 이렇게 답한다. "그럴지도 모르지만, 그렇게 같이 붙어 있는 것이 마음에 듭니다." 요컨대 얼굴 대 얼굴의 만남은 속성들 일체로 환원될 수 없는 "전인적" 만남이다. 곧 이런 만남에서 우리가 주목하는 것은 낱낱의 속성이 아니라 속성들 사이의 상호관계이다. 우리가 흔히 상대방의 "매력" 또는 "카리스마"라고 부르는 그것은 여러 속성들이 서로 통합되어 구체적인 맥락에서 수행되는 방식을 뜻한다. 후설Edmund Husserl이 우리에게 가르쳐준 것처럼, 서로 다른 사물들 사이에 관계가 생기는 이유는 "지각하고 움직이는 육체"가 그것들을 포착하기 때문이다.[42] 경험된 육체lived body는 세계와 접촉할 때 재귀적 경험reflexive experience을 얻는다. 후설은 이것을 **감지**Empfindnisse라고 명명했다.

> 경험의 결과(Erfahrung)가 아니라 경험의 과정lived experience(Erlebnis), 지각하는 것(Wahrnehmung)이 아니라 감지하는 것(Empfindung), 다른 무언가를 찾는 것이 아니라 나 자신을 찾는 것(sich befinden). 감지 Empfindnisse란 감각적 사건으로서 (……) 촉각과 운동감각의 교점에서 발생한다. 거리가 완전히 사라진 바로 이 지점에서 사물들의 살

---

[42] Welton, Donn, 1999, "Soft, Smooth Hands: Husserl's Phenomenology of the Lived Body," in Donn Welton (ed.), *The Body: Classic and Contemporary Readings*, Malden, MA: Blackwell, pp. 38~56.

은 경험된 육체의 살과 연결된다.[43]

내가 감히 말하건대, 사랑은 후설이 설명하는 방식대로 세계와 만날 때에 발생한다. 사람들이 생각지도 않았던 상대와 사랑에 빠지기도 하고, 사랑에 빠진 뒤에 자기의 기대와 맞지 않는 요소를 기꺼이 무시하기도 하는 것은 그 때문이다. 곧 우리가 주목하는 것은 전체이지 전체의 부분들이 아니다.

인지심리학의 이론적 전통을 따르는 조너선 W. 스쿨러 Jonathan W. Schooler[44]는 의사결정에 관한 매우 흥미로운 연구를 발표했는데, 이 연구의 결론은 위에서 인용한 후설의 논의와 일맥상통한다. 스쿨러는 피실험자들에게 누군가의 얼굴을 보여준 후, 나중에 그 얼굴을 여러 사람 사이에서 찾아내게 했다. 그런데 얼굴을 보여주고 머릿속에 그려보게 했을 때는 맞게 찾는 비율이 높았던 반면에, 얼굴을 보여주고 얼굴의 특징을 말로 설명하게 했을 때는 맞게 찾는 비율이 그보다 낮았다. 스쿨러는 이러한 효과를 "언어의 장막", 곧 언어적 과정에 의한 시각적 과정의 방해라고 지칭한다. "직관"이나 "통찰"이나 스냅 판단을 요하는 의사결정들이 특히 이러한 언어적 방해에 취약하다. 바꾸어 말해서, 우리가 하는 일들 중에 어떤 일은 언어를 사용하지 않

---

[43] Ibid., p. 45.
[44] Schooler, Jonathan W., Stella Ohlsson & Kevin Brooks, 1993, "Thoughts Beyond Words: When Language Overshadows Insight," *Journal of Experimental Psychology* 122(2): 166~183.

을 때 더 잘할 수 있다. 곧 내가 하는 일들 중에는 내가 지금 하고 있는 일이 무엇인지, 내가 지금 이런 일을 하고 있는 이유가 무엇인지 등을 언어로 표현하지 않을 때 더 잘할 수 있는 것이 있다. 요컨대 언어는 스냅판단을 방해한다. 이어, 정보 과잉은 신속한 결단력을 저해한다. 곧 로맨틱한 끌림이란 신속하게 결정하는 능력인데, 정보가 지나치게 많을 때는 이러한 능력이 약화된다.[45] 스냅판단에서 사용되는 인지는 "빠르고 경제적인" 인지, 곧 최소한의 인지이며, "서명"에 의존하는 인지, 곧 있는 그대로의 사람, 있는 그대로의 현상에 의존하는 인지이다. 상품 종류와 판매 빈도의 관계에 대한 실험을 예로 들어보자. 6종의 잼을 팔고 있을 때는 구경하는 사람 중에 30%가 잼을 샀던 반면,[46] 24종의 잼이 진열되어 있을 때는 구매자 비율이 3%에 불과했다. 그 이유는 간단하게 설명할 수 있다. 곧 선택의 대상이 많

---

[45] Iyengar, Sheena & Mark R. Lepper, 2000, "When Choice is Demotivating: Can One Desire Too Much of a Good Thing?," *Journal of Personality and Social Psychology* 79(6): 995~1,006; Klein, G., 1998, *Sources of Power: How People Make Decisions*, Cambridge, MA; MIT Press; Wilson, Timothy D. & Jonathan W. Schooler, "Thinking Too Much: Introspection can Reduce the Quality of Preferences and Decisions," *Journal of Personality and Social Psychology* 60(2): 181~192; Schooler et al., "Thoughts Beyond Words"; Schwartz, Barry, 2000, "Self-Determination: The Tyranny of Freedom," *American Psychologists* 55(1): 79~88; Schwartz, Barry, Andrew Ward, John Monterosso, Sonja Lyubomirsky, Katherine White & Darrin R. Lehman, 2002, "Maximizing Versus Satisfying: Happiness is a Matter of Choice," *Journal of Personality and Social Psychology* 83(5): 1,178~1,197 참고.

[46] Wilson & Schooler, "Thinking Too Much."

을수록 정보가 과잉될 위험도 높은데, 스냅판단은 다량의 정보가 아니라 소량의 정보에 의존하는 판단이다. 요컨대 정보가 과잉되면 스냅판단 능력은 저해된다.

이렇듯 인터넷 상상력의 대립 항은 현실이 아니다. 인터넷 상상력의 대립 항은 육체와 직관적 사유(곧 "단면화")에 의존하는 상상력이다.[47] 인터넷 상상력이 직관적 상상력을 저해하는 이유는, 첫째로 인터넷 상상력은 돌아보는 상상력이 아닌 내다보는 상상력, 곧 미래 지향적 상상력이라서, 과거에 속하는 직관적·실천적·암묵적 지식과는 단절되어 있기 때문이다. 둘째로 인터넷 상상력은 텍스트 기반의 인지적 지식에 의존하는 상상력이므로, 언어의 장막에 막대한 영향을 받는다. 곧 언어가 우세하다 보니 시각적·육체적 인정의 과정이 방해받게 된다. 끝으로 인터넷은 이용 가능한 시장 전체를 한눈에 보여주는데(천박하게 표현하면, 인터넷 덕분에 가격비교가 가능해진다), 그러다 보니 실제로 누군가를 만났을 때 상대방을 과대평가하는 대신 과소평가하게 된다.

전통적인 로맨틱한 상상력은 현실과 상상력의 혼합이다(로맨틱한 상상력을 구성하는 현실과 상상은 둘 다 육체, 그리고 육체에 축

---

47   존 업다이크가 "상상 속의 키스는 실제 키스에 비해 좀 더 쉽게 조절할 수 있고, 좀 더 철저하게 즐길 수 있고, 좀 더 깔끔하다"라고 할 때, 그가 언급하는 상상 속의 행위는 경험에 근거하고 있다. 다시 말해 그가 실제로 만났던 상대를 염두에 두고 있다(John Updike, 2004, "Libido Lite," in *The New York Review of Books*, November 8, pp. 30~31 중 p. 31에서 인용).

적된 과거의 경험에 의존한다). 반면에 인터넷은 상상력(외부에 의존하지 않는 주관적 의미의 세계)과 현실(상대방과의 만남)을 다른 시점時點에서 일어나게 함으로써 둘을 분할한다. 또한 인터넷은 상대방에 대한 앎을 여러 차례 분할한다. 곧 나는 상대방이 구성한 심리적 존재를 가장 먼저 알게 되고, 이어 상대방의 음성을 알게 되며, 나중에 비로소 상대방의 움직이고 행동하는 육체를 알게 된다.

이러한 특수한 상상력을 철학자 메를로-퐁티는 병리의 원천으로 보았다. 메를로-퐁티에 따르면 상상적인 것the imaginary과 현실적인 것the real은 서로 구분될 수 없으며, 둘을 구분하려 하는 것이 바로 병리이다.[48]

그런데도 인터넷에서는 커플들이 탄생하고 있다. Match.com은 9,000쌍을 성사시켰다고 자랑한다. 인터넷 이용자 전체와 비교하면 물론 얼마 안 되는 수치이다. 하지만 그래도 우리는 정확한 분석을 통해서 인터넷 커플이 실제로 생기는 이유를 설명해야 하며, 나아가 인터넷에서 인터넷에 의해 의미 있는 관계들 일반이 형성되는 이유를 설명해야 한다.

다시 한 번 아르테미스를 예로 들어보자(그녀는 내가 인터뷰한 사람 중에 가장 까다로운 응답자였다). 그녀는 인터넷에서 관심 가는 남자를 만났다고 했고, 나는 왜 그 남자에게 관심이 갔냐고 물었다.

---

[48] Phillips, James & James Morley (eds.), 2003, *Imagination and Its Pathologies*, Cambridge, MA: MIT Press, pp. 191, 10 참고.

그녀는 이렇게 답했다. "그 남자는 (……) 내 카드에 반응했어요. 나는 감정능력이 뛰어난 사람들에게 관심이 있어요. 나는 나라는 사람의 감정적 측면에 반응할 줄 아는 사람이 필요해요. 예를 들어 나는 내 프로필에 '나는 대부분의 사람들이 답답하다'라고 썼습니다. 나는 이런 말에 반응하는 사람, 내가 왜 이렇게 느끼게 됐는지, 내가 왜 이런 말을 썼는지 이해해주는 사람이 필요합니다."

인터넷은 지극히 심리학적인 테크놀로지, 곧 자아에 대한 심리학적 이해를 전제하고, 사회성의 심리학적 양식을 조장하는 테크놀로지다. 사회심리학자 맥키나Katelyn McKenna, 그린Arnies Green, 글리슨Marci Gleason은 인터넷에서 형성되는 관계에 관해서 대규모 연구를 실시했었는데, 이 연구는 본의 아니게 인터넷의 심리학적 속성을 확증해주었다. 이 사회심리학자들은 사람들이 인터넷상에서 의미 있는 관계들을 형성할 수 있고 또 실제로 형성하는 이유로 인터넷이 이른바 "진정한 자아"[49]의 표현을 가능하게 한다는 이유를 들었다. 그런데 이 사회심리학자들이 진정한 자아를 정의하기 위해 끌어오는 것은 다름 아닌 칼 로저스의 논의(자아란 나 자신과 다른 사람들로부터 종종 감춰져 있고 치료학적 만남에서 잘 표현되는 것이라는 논의)였다. 요컨대 이 연구는 심리학을 지배하고 있는 언어 이데올로기를 다시 한 번 확인시켜주는 것에 불과하다.

---

49   McKenna, Katelyn Y. A., Arnies Green & Marci Gleason, 2002, "Relationship Formation on the Internet: What the Big Attraction?" *Journal of Social Issues* 58(1): 9~31.

지금까지의 내용을 요약해보자. 감정적 언어 소통을 특히 중시하는 사람, 자기의 감정과 자아의 공적인 조작을 통해서 사적인 관계를 맺을 줄 아는 사람, 치료 모델에 따라 관계를 맺을 줄 아는 사람, 내가 2장에서 말한 감정능력을 과시하는 사람―인터넷 테크놀로지를 최적화함으로써 인터넷을 그야말로 심리학적 테크놀로지로 만들 사람들은 바로 이런 사람들이다.

결론: 마키아벨리의 새로운 행보

이제 우리의 논의는 출발했던 곳으로 돌아왔다. 20세기에 걸쳐 심리학은 카스토리아디스Castoriadis가 말하는 이른바 사회의 상상적 의미작용social imaginary significations의 "마그마"가 되었다(카스토리아디스가 정의하는 마그마란, 사회 전체에 스며들어 있는 상상 형식, 사회를 하나로 결합하되 사회의 구성성분들로 환원될 수 없는 상상 형식이다). 곧 심리학의 문화적 상상the cultural imaginary은 오늘날 우리의 "마그마"가 되었다. 심리학적 의미들은 집단적으로 공유되어 있고, 이로써 나의 자기인식sense of self과 내가 타인과 관계 맺는 방식을 형성하고 있다.

정신분석학이 탄생했던 배경에는 자아가 사적 영역으로 후퇴하고 사적 영역이 감정으로 침윤되는 현상이 있었다. 그러나 심리학이라는 설득 담론은 생산성 언어 및 자아 상품화와 결탁함으로써 (가정, 회사, 격려집단, TV 토크쇼, 인터넷 등 온갖 사회 거점에서) 감정적 자아를 공적 텍스트public text 및 공적 수행public performance으로 만들었다. 최근 20년 사이 공적 영역은 사생활, 감정, 친밀성을 전시하는 무대로 변질되었는데, 심리학이 사적인 경험을 공적인 논의로 전환시키는 데 중요한 역할을 했음을 인정하지 않고서는 이러한 변질을 이해할 수 없다. 인터넷은 이러한 과정의 마지막 단계로, 심리적 자아, 곧 텍스트를 통해 자기를 이해하는 자아, 자기를 범주화·계량화하는 자아, 자기를 공적으로 소개하고 구현하는 자아를 전제한다. 여기서 인터넷의 문제는 어떻게 이 공적 심리적 수행을 사적 감정적 관계로 전환시킬 것인가의 문제이다.

아도르노가 이미 반세기도 전에 강력하게 주장했던 바와 같이, 각종 제도들은 자아 상품화 과정 속에 서로 긴밀하게 얽혀 있다. 곧 심리학이라는 설득 담론, 자기계발서, 상담산업, 국가, 제약사업, 인터넷 테크놀로지 등의 제도들이 자아를 주된 타깃으로 삼다 보니, 이런 제도들이 한데 얽혀 근대의 심리적 자아의 기반을 형성하고 있다. 시장 레퍼토리들과 자아 언어들의 이러한 점진적 융합이 바로 내가 말한 "감정 자본주의"이다. 한편으로, 감정 자본주의 문화에서 감정은 평가되고 검토되고 논의되고 거래되고 계량화되고 상품화되는 사물이 되었다. 또한 자아를 관리하고 변화시킬 다종다양한 텍스트 및 등급화 양식을 고안하고 배치하는 이런 과정에서, 감정은 고통받는 자아를 만들어내는 데 일조했다. 곧 감정은 정신적 결핍 및 결함에 의해서 구성·정의되는 정체성을 만들어내는데, 이런 정체성은 자기

변화·자아실현으로 몰아대는 끊임없는 명령들에 의해 다시 한 번 시장 속에 통합된다. 다른 한편으로, 감정 자본주의하에서 경제적 거래(나아가 대부분의 사회관계)는 언어적 감정 관리에 대해서 전에 없던 문화적 관심을 쏟게 되며, 이로써 감정은 대화, 인정, 친밀성, 자기해방 등의 전략에서 가장 중시해야 하는 요인으로 부각된다.

이러한 논의는 비판이론의 유산에서 벗어나는 논의이자 상투적인 푸코 식武 설명에서 벗어나는 논의이다. 프로이트의 상상력에서부터 인터넷까지를 직선으로 연결하는 동력은 양가성과 모순으로 가득 차 있으며, 따라서 종합관리total administration나 감시surveillance의 동력이 아니다. 책임 있는 관계, 조사를 허용하는 관계를 가능케 한 언어/테크닉과 자아 상품화를 가능케 한 언어/테크닉은 동일한 것이기 때문이다. 요컨대 자아 합리화 및 자아 상품화가 따로 있고 자아가 스스로를 구성·계발하고 타인들과 토의·소통하는 능력이 따로 있는 것이 아니다. 우선, 감정을 자본의 새로운 형식으로 만들어온 논리와, 회사 내 관계를 좀더 책임 있는 관계로 만들어온 논리는 동일한 논리다. 또한 여성으로 하여금 공적 영역과 사적 영역에서 평등한 지위를 요구하게 만들어온 문화구성체와, 친밀한 유대를 냉정한 어떤 것, 합리화된 어떤 것, 조야한 공리주의에 민감한 어떤 것으로 만들어온 문화구성체는 동일한 문화구성체다. 끝으로, 우리로 하여금 자기의 정신의 어두운 구석을 엿보게 만들고 우리에게 감정적 "문식성"文識性을 제공하는 것을 목표로 삼았던 지식체계와, 관계를 양화 가능하고 대체 가능한 사물로 만드는 데 기여해온 지식체계는 동일한 지식체계이다. 사실 "자아실현"이라는 개념 자체가, 한편으로는 심리적·정치적 '행복에의 약속' promesse de bonheur을 담고 있었고 또 지금도 담고 있으면서도, 다른 한편으로는 심리학을 권위주의적 지식체계로 배치하고 시장 레퍼토리들을 사적 영역으로 침투시키는 데 핵심적인 역할을 담당했다.

합리화와 해방, 사욕과 열정, 사적 관심사와 공적인 레퍼토리—우리들 앞에는 이처럼 모순적인 과정들이 어지럽게 얽혀 있다. 하지만 푸코와 각종 비판이론가들은 기꺼이 이런 모순들을 "상품화"나 "감시" 같은 일괄적인 과정으로 축약할 것이고, 쾌락을 권력으로 포섭할 것이다. 포스트모던 사회학자들도 이런 모순 앞에 전혀 당황하지 않고 양면성과 불확정을 찬양할 것이다. 하지만 자아 합리화 및 자아 상품화가 자아의 해방과 아무리 복잡하게 얽혀 있다 해도, 우리는 절대로 이 두 가지를 섞어버려서는 안 된다. 우리는 권력을 쾌락으로 착각하지 말아야 한다. 사실, 어지럽게 얽혀 있는 사회 영역들 및 가치들을 분석의 대상으로 삼다 보면, 우리가 명료한 분석을 위해서 아무리 고군분투한다 해도, 우리의 분석은 번잡해질 수밖에 없으리라. 전통적으로 사회학자들에게는 기민하고 신중한 변별력이 요구되어 왔다(사용가치와 교환가치는 어떻게 다른가, 생활세계와 생활세계의 식민화는 어떻게 다른가 등). 이제 우리 사회학자들은 이런 변별력을 끊임없이 무력화시키는 사회에서 바로 그런 신중함을 발휘해야 한다.[50] 다시 한 번 마이클 왈처의 비유를 빌리면, 비평가의 과제는 어머니에게 거울을 건네주는 햄릿의 제스처와 흡사하다. 햄릿은 어머니에게 거울을 주면서 당신 가슴속을 깊이 들여다보라고, 당신의 참모습을 발견하라고 한다. "비평가의 과제도 〔……〕 마찬가지이다. 비평가가 들고 있는 거울은 우리 모두 자발적으로 동의하며, 다른 사람에게 책임을 물을 때 우리 스스로 불러내게 되는 가치들 및 이상들에 호소한다."[51] 거울에 비치는 이미지가 흐릿해진 이미지인 것은 물론이다.

나는 감정을 자본과 연결 짓는 양면적 논리를 검토하면서 바로 이런 입장을 취했다. 20세기를 관통하는 이 양면적 논리를 구성하는 힘이 점점 시장으로 일원화되는 것이 아니냐는 의문도 바로 이런 입장에서 비롯된다. 관습적인 자본주의 주체가 "전략 영역"과 순수한 "감정 영역" 사이를 왔다갔다할 수 있었다면, 심리학과 인터넷의 시대에 주된 문화적 문제는 전략 영역에서 감정 영역으로 되돌아가기가 훨씬 더 어려워진다는 점인 것 같다. 작용주체들은 종종 본의 아니게 전략 영역에서 꼼짝달싹 못 하는 것 같다. 인터넷은 이에 대한 놀랄 만한 사례를 제공한다. 문제는 인터넷 테크놀로지가 개인생활 및 감정생활을 빈약하게 만든다는 것이 아니다. 오히려 문제는 인터넷 테크놀로지가 사회성과 인간관계에 전에 없이 풍요로운 가능성을 제공하면서도, 지금까지 사회성과 인간관계들을 지탱해온 감정적·신

---

50 돈과 감성의 뒤얽힘에 대한 최고의 연구를 보려면, Viviana Zelinzer, 2005, *The Purchase of Intimacy*, Princeton, NJ: Princeton University Press 참고.

51 Illouz, Eva, 1999, "That Shadowy Realm of Interior: Oprah Winfrey and Hamlet's Glass," *International Journal of Cultural Studies* 2(1); 109~131, p. 128 참고.

체적 자원을 고갈시킨다는 데에 있다.

사회학자 호르헤 아르디티 Jorge Arditi는 짐멜의 노동이론을 논의하면서 위와 같은 상황을 이해할 시사점을 제공한다.[52] 아르디티에 따르면, 짐멜은 소외 이론을 정식화하면서, 개인생활이 점차로 빈곤화되는 원인을 객체 문화 objective culture와 주관 문화 subjective culture, 곧 우리 외부에서 산출되는 사물들 및 개념들의 세계와 우리의 경험이 점점 분리되는 데서 찾았다. 짐멜에 따르면, 대상이 실존적 의미를 지닐 때는 주관과 객관이 일치할 때이다. 이에 따라 아르디티는 사랑한다는 것은 타인을 직접적·전면적으로 이해하는 것이라고 주장한다. 타인을 직접적·전면적으로 이해한다는 것은 사랑하는 존재와 사랑받는 존재 사이에 아무런 사회적·문화적 사물이 끼어 있지 않다는 뜻이요, 지력 intellect은 사랑의 경험에 아무런 역할도 하지 않는다는 뜻이다. 물론 이런 것은 우리가 익히 알고 있는 로맨틱한 생각이다. 그러나 이런 생각들을 로맨틱하다는 이유만 가지고 폐기하는 것은 옳지 않다. 누군가를 사랑할 때, 우리는 그 사람을 하나의 전체로 경험하는 데서 비롯되는 하나의 의미를 그 사람에게 결부시킨다. 반면에 지적 경험 intellectual experience—베버에 따르면 합리성의 본질—은 나와 대상 간에 거리를 들여올 수밖에 없다. 짐멜에 따르면 합리성은 주체와 객체 간의 거리를 상당히 넓혔다. 여기서 아르디티는 사

---

52 Arditi, Jorge, 1996, "Simmel's Theory of Alienation and the Decline of the Non-rational," *Social Theory* 14 (2): 93~108.

회적 거리가 생기는 이유에 대해서 매우 흥미로운 답변을 내놓는다. 아르디티에 따르면 사회적 거리는 공통된 특징이 없는 데서 생기는 것이 아니라 공통된 특징들이 추상적이라는 데서 생긴다. 곧 거리감이 생기는 이유는 사람들 사이에 공통점이 없기 때문이 아니라, 사람들 사이의 공통점이 지나치게 비슷하기 때문이다. 표현을 바꾸면, 거리감이 생기는 원인은 사람들이 똑같은 언어, 고도로 표준화된 언어를 공유하게 됐다는 데 있다. 반대로 친밀성이 생기는 원인은 두 사람이 공유하는 공통점이 특별하고 배타적인 것이라는 데 있다. 따라서 친하다는 것은 "실존적으로 생성되는 의미들"을 공유한다는 뜻이다. 바꾸어 말해서, 우리가 갖고 있는 문화테크닉은 친밀한 관계를 표준화하는 문화테크닉, 친밀한 관계를 일반화된 방식으로 논의·관리하는 문화테크닉으로서, 상대방과 친해지는 능력, 곧 주체와 객체의 합일을 점점 저해하고 있다.

여기서 우리는 니콜로 마키아벨리Niccolò Machiavelli가 야기했던 중대한 균열에 해당할 새로운 문화지형을 목격하고 있다. 알다시피 마키아벨리는 공적인 처신 및 성공과 사적인 윤리 및 미덕을 분리해야 한다는 주장과 바람직한 지도자는 자기의 행보를 계산하고 자신의 페르소나를 조작하는 법을 터득함으로써 (실제로는 인색하고 교활하고 잔인하면서도) 관대하고 정직하고 자비로운 사람으로 보여야 한다는 주장을 개진했다. 어쩌면 마키아벨리는 근대적 자아의 본질을 최초로 정식화한 인물이다. 다시 말해 근대적 자아는 사적인 행동 영역과 공적인 행동 영역 사이에서 분할될 수 있는 자아, 윤리와 사욕을 변별·분리할 수 있는 자아, 윤리와 사욕을 넘나들 수 있는 자아이다. 그런데 심리학이라는 설득 담론은 사적 윤리적 자아와 공적 비윤리적·도구적·전략적 처신이라는 이중성의 양쪽 항을 모두 바꾸어놓았다. 곧 심리학이라는 문화매체를 통해서, 사적 영역과 공적 영역이 서로 뒤얽히게 됐다. 양쪽 항은 서로를 반영하고 서로의 작용 방식 및 정당화 방식을 흡수하면서, 한편으로는 도구적 이성을 감정 영역에서 사용··응용했고, 다른 한편으로는 자아실현과 충만한 감정생활 등을 도구적 이성의 나침반으로 삼았다.

이를 통해 우리는 좀더 똑똑해졌을까? 목표를 성취하는 능력이 향상되었을까? 마키아벨리의 '군주'는 당대의 윤리적 권위로부터 인정받지는 못했지만 일상사의 처신에서는 좀더 능란하다고 간주되었다. 그러나 과연 그럴까? 나는 아니라고 생각한다. 이를 설명하기 위해 나는 (코 뒤쪽에 있는) 복내측 전전두 피질ventromedial prefrontal cortex이 손상된 환자들을 진찰했던 신경학자 안토니오 다마지오Antonio Damasio의 매혹적인 연구를 예로 들겠다. 신경학자들에 따르면, 복내측 전전두 피질은 의사결정 과정에서 핵심적인 부분이다. 이곳이 손상된 환자들은 철저하게 합리적이지만, 감정과 직관에 기초한 의사결정 능력과 판단력이 결여되어 있다(여기서 직관은 문화적·사회적으로 축적된 경험을 뜻한다). 그의 저서 『데카르트의 오류』Descartes' Error에서 다마지오는 이런 유의 뇌손상이 있는 환자와 약속날짜를 정하는 과정을 다음과 같이 적고 있다.

나는 날짜 두 개 중에 하나를 고르라고 했다. 둘 다 다음 달이었고, 불과 며칠 간격이었다. 환자는 수첩을 꺼내서 날짜를 확인하기 시작했다. 이어진 행동은, 여러 명의 연구자의 눈에 목격되었는데, 매우 놀라웠다. 무려 30분 동안 환자는 각각의 날짜에 대해서 되는 이유와 안 되는 이유를 나열했다. 이전의 약속, 다른 약속과의 간격, 예상되는 기상 조건 등 날짜 하나를 놓고 생각할 수 있는 그야말로 온갖 이유가 나왔다. 환자가 들려주는 지루한 비용편익 분석—각각의 선택이 초래할 수 있는 결과에 대한 끝없는 설명과 무익한 비교—에 우리는 녹초가 되었다. 탁자를 치면서 닥치라고 하고 싶은 것을 참고 끝까지 경청하는 데는 엄청난 수양이 필요했다.[53]

약속날짜를 합리적으로 결정하려는 이 환자를 나는 초합리적 바보 hyperrational fool라고 부르겠다. 초합리적 바보란 판단하는 능력, 행동하는 능력, 선택을 내리는 능력이 비용편익 분석(통제를 벗어나는 비교 대상들을 합리적으로 계량하려는 노력)으로 인해 손상되어 있는 사람을 뜻한다.

다마지오의 일화는 물론 실제로 일어난 사건이지만, 우리는 이 일화를 비유적인 방식으로 이해함으로써 앞의 세 장의 논의를 해석할 수 있다. 다시 말해, 이 책에서 설명한 과정 속에 이처럼 우리를

---

[53] Damasio, Antonio R., 1994, *Descartes' Error: Emotions, Reason, and the Human Brain*, New York: Putnam Publishing Group, pp. 193~194.

초이성적 바보로 만드는 데가 있지 않느냐는 것이다. 앞서 말했듯이, 우리는 자아를 상품화·합리화하는 초합리성과 외부에 의존하지 않는 판타지가 지배하는 사적 세계 사이에서 점점 분열되고 있다. 이데올로기란 우리로 하여금 모순들 속에서 행복하게 살아가게 해주는 어떤 것인데, 자본주의 이데올로기는 더 이상 이데올로기의 기능을 수행하지 못하는 듯하다. 자본주의 문화가 새로운 단계에 접어든 것인지도 모르겠다. 이전의 산업 자본주의는 (선진 자본주의까지도) 분열된 자아의 동력이자 수요였다. 곧 산업 자본주의하에서 분열된 자아는 전략적 상호작용에서 가족적 상호작용으로, 경제적 상호작용에서 감정적 상호작용으로, 이기적 상호작용에서 공조적 상호작용으로 부드럽게 왔다갔다했다. 그러나 오늘날 자본주의 문화의 내적 논리는 이와는 다르다. 우선, 시장의 비용편익 문화 레퍼토리가 그야말로 온갖 사적 상호작용 및 가족 상호작용에서 사용되고 있다. 이어, 한쪽 행위 영역(경제적 영역)에서 다른 행위 영역(로맨틱한 영역)으로 옮겨가는 것이 점차 어려워지고 있다. 나아가, 초합리성이 압도적이다 보니 판타지 생성 능력 자체가 손상되었다. 지젝은 스탠리 큐브릭 Stanley Kubrick의 마지막 영화 〈아이즈 와이드 셧〉Eyes Wide Shut을 거론하면서 이렇게 말했다. "판타지가 나를 집어삼킬 듯한 강력한 유혹의 심연인 것은 아니다. 정반대다. 판타지는 궁극적으로 빈약하다."[54] 지

---

[54] Žižek, Slavoj & Glyn Daly, 2004, *Conversations with Žižek*, Cambridge: Polity, p. 111.

금의 문화는 판타지를 끊임없이 엔지니어링하고 있고, 그런 의미에서 판타지는 전에 없이 풍요롭고 다양하다. 하지만 지금의 문화는 판타지를 점점 현실에서 유리시켜 초합리적 시장 세계(시장과 관련된 선택 및 정보로 구성되는 세계) 내부에서 조직하고 있고, 그런 의미에서라면 판타지가 오히려 빈약해졌다고 말할 수도 있다.

옮긴이 후기

에바 일루즈와 감정 자본주의

에바 일루즈는 후기자본주의 소비사회 특히 미국사회에서 감정의 위상에 주목하는 사회학자이다. 스스로를 '문화사회학자'라고 지칭하는 일루즈를 최근의 학계는 '도발적 저서'를 쏟아내는 '다작의 학자'로 주목하고 있다.

상품의 낭만화와 낭만의 상품화를 다룬 첫 번째 저서 『낭만적인 유토피아를 소비하기: 사랑 그리고 자본주의의 문화적 모순』(1997)과 TV토크쇼라는 새로운 대중문화 현상을 분석한 『오프라 윈프리와 고통의 광휘: 대중문화에 대한 에세이』(2005), 그리고 본서 『감정 자본주의』와 함께 감정과 경제의 상호 침투 양상을 분석한 최근작 『근대의 영혼을 구원함: 치유, 감정, 셀프헬프 문화』(2008)까지, 그녀의 일관된 관심은 한마디로 '감정 자본주의'라고 할 수 있다. 감정 자본주의란, 감정 영역과 경제 영역이 상호 침투하는 문화, 다시 말해 정서가 경제행위의 본질이 되는 동시에 경제논리가 감정생활을 지배하게 되는 문화를 말한다. 저자의 표현대로라면, "감정 자본주의는 한편으로는 경제적 자아를 감정적이 되게 만들었고 다른 한편으로는 감정들을 도구적 행위에 종속되게 만들었다."

1 감정 자본주의란 무엇인가

기업의 정서화, 가족의 합리화

자본주의는 합리적 의사결정을 바탕으로 하는 '남성적' 체제로 간주되어왔고, '여성적' 영역은 경제적 영역과 구분되는 사적이고 정서적인 영역으로 간주되어왔다. 그런데 저자에 따르면, 이러한 관습적 분할이 흐려지면서 감정 자본주의라는 것이 생겨났다.

본서의 1장은 감정 자본주의 문화에서 기업과 가족이 어떻게 변모하는지를 설명하는 부분이다. 저자는 감정 자본주의가 형성된 시점을 프로이트가 미국에서 정신분석학적 개념들을 강의했던 1909년으로 보고 있다. 프로이트 강연 이후, 미국 문화에는 심리학을 기반으로 하는 새로운 감정양식, 이른바 치료학적 감정양식이라는 것이 나타난다('나는 누구인가'를 근본적으로 다시 묻게 했다는 점에서 치료학적 감정양식의 출현은 프로테스탄트 종교개혁에 비견될 정도의 획기적 사건이었다). 저자는 프로이트 심리학이 가정하는 자아의 특징을 세 가지로 설명하고 있다. 첫째, 정신분석학적 자아는 핵가족을 배경으로 한다. 이전의 가족이 내 사회적 위치의 지표였던 반면, 프로이트론의 핵가족은 내 존재의 근원이다. 둘째, 정신분석학적 자아는 정상성을 지향하는 존재이다. 자아에게 주어진 과제는 심오한 사유나 영웅적 행동이 아니라 일상의 궤도를 이탈하지 않는 것이다(그런 의미에서 프로이트의 자아 이론은 부르주아 문화혁명의 요체이다). 셋째, 프로이트의 자아이론에는 섹슈얼리티와 언어가 결합되어 있다. 내가 성적 존재라는 것은 내가 모종의 본능적 욕구를 가지고 있다는 의미가 아니라 내 존재가 섹슈얼리티를 중심으로 언어화되어 있다는 뜻이다.

감정 자본주의의 증거로 저자는 가장 먼저 미국 기업문화의 변화를 꼽는다. 1920년대에 미국에서는 대기업이 발생하고 관리직 노동자 비율이 커지는 등 기업의 성격이 이전까지와는 사뭇 달라졌고, 그에 따라 직장 내 위계질서 확립과 생산성 제고가 새로운 과제로 떠올랐다. 이러한 과제를 해결하기 위해 기업이 찾은 것이 심리학이었다. 당시 미국에서 심리학자들은 전방위적 영향력을 행사하는 전문가 집단으로 부상하는 중이었고, 회사에 동원된 심리학자들은 실제로 징병이나 전쟁 외상 치료에서 소기의 성과를 인정받은 학자들이었다.

저자에 따르면 심리학적 경영 이론의 대표적 사례는 엘튼 마요의 호손 연구이다. 경영 이론에서 "마요만큼 막대한 영향을 미쳤던 연구자도 없었고 호손 연구만큼 지대한 영향을 미쳤던 연구도 없었다." 마요의 주장의 핵심은 노동자의 감정을 배려할 때 기업 생산성이 높아진다는 것이었다. 저자는 이러한 주장의 의의를 네 가지로 정리하고 있다. 첫째, 마요는 노동자들에게 윤리적 덕목을 강요하는 대신 과학적인 듯한 처방을 제시했다. 둘째, 마요는 노사 갈등을 경제적 대립 관계가 아닌 감정적 갈등 관계로 설정했다. 셋째, 마요는 여성 노동자의 태도에서 추출된 결론을 노동자 일반에 적용했다(이는 근대적 직장의 인간관계 관리 지침들이 여성적 경험을 바탕으로 마련되는 결과를 낳았다). 넷째, 노동자와 경영자가 공히 자기 남성성을 여성적으로 재정의해야 했다(이에 따라 노동자에게는 수동성 등의 여성적 자질이, 경영자에게는 정서적 배려 등 여성적 자질이 요구되었다).

심리학이 기업의 당면 문제들을 실질적으로 해결했다고 말할 수는 없겠지만, 어쨌든 기업은 심리학적 해법을 열렬히 환영했고, 기업 내 관계는 심리학 용어로 코드화되었다. 심리학이 기업에서 환영받은 배경에는 1930년대를 전후로 노동이 불안정해지는 상황이 있었을 뿐 아니라(불황, 실업률 상승, 서비스 직종의 급증), 심리학적 해법이 기업가와 노동자 모두에게 유리하게 보였다는 이유가 있었다. 기업가는 심리학이 이윤을 늘리고, 노동 소요를 막고, 노사 관계를 비대결적으로 조직하고, 계급투쟁 자체를 무력화해주리라고 기대했고, 노동자는 그러한 해법이 직장 내 관계와 출세의 통로를 민주화한다고 생각했다.

저자가 감정 자본주의를 설명하는 두번째 현장은 바로 가족이다. 경제 영역에서 감정이 생산성 향상의 도구로 활용되었다면, 원래 감정 영역으로 이해되던 가족은 바로 이 감정을 매개로 합리화되었다.

미국에서 기업 정서화의 결정적 계기가 1920년에 실시된 엘튼 마요의 호손 연구였다면, 가족 합리화의 결정적 계기는 1946년에 통과된 '국민정신건강법'이었다. 이때부터 정신치료 서비스가 제도적으로 확산되었고, 서비스의 잠재적 고객은 중증 정신질환자에서 "행복하게 살기 위해 노력하는 평범한 중산계급 성원들"로 확장되었다.

가족 합리화의 배경에는 심리학과 함께 페미니즘의 제도적 확산이 있었다. 심리학의 제도화가 1960년대에 이루어졌다면, 페미니즘의 제도화는 1970년대에 이루어졌다. 광범위한 페미니즘 네트워크가 마련되는 한편으로, 아카데미 여성학이 페미니즘 실천에 권위를 부여했다. 실제로 심리학과 페미니즘 사이에는 밀접한 관계가 있었다. 한편으로는 여성이 심리학의 주 고객이 되면서 심리학이 페미니즘의 도식을 따르게 되었고, 다른 한편으로는 가족과 섹슈얼리티라는 심리학의 아이템이 페미니즘 해방 내러티브의 거점이 되었다. 심리학과 페미니즘이 공유한 도식은 세 가지로 요약된다. 심리학과 페미니즘은 첫째, 나라는 존재를 관찰의 주체이자 관찰의 대상으로 설정한다. 둘째, 독립과 양육의 종합을 감정적 건강이자 정치적 해방으로 설정한다. 셋째, 사적인 경험이 공적인 의미를 가진다. 특히 페미니즘은 부부 관계에서 평등을 규범화했는데, 평등한 관계는 남성과 여성에게 전통적인 성 역할과 상반된 성향을 보일 것을 독려하기도 했다(남자도 울고 싶으면 울어야 한다, 여자도 성 관계에서 능동적이어야 한다, 등등).

저자는 감정 자본주의에 대한 심리학적 해법을 '소통'이라는 말로 요약하고 있다. 수많은 대중심리학과 자기계발서는 소통을 사내 관계와 가족 관계에서 요구되는 언어능력이자 감정능력이자 인성능력으로 내세운다. 저자에 따르면, 직장 내 자아가 "진정한 내면을 감정과 욕구의 형태로 수행"해야 하는 상황에서, 소통은 "노출된 자아에게 보호막을 제공"하는 사회적 인정의 메커니즘이다. 그런데 저자가 보기에 소통은 심리학적 미봉책을 넘어 진짜 능력으로 자리 잡았으며, 거기에는 세 가지 정도의 이유가 있었다. 첫째, 기업은 조직의 위계화와 사회의 민주화를 화해시킬 절차상의 규칙이 필요했다. 둘째, 직업을 자아실현으로 보는 시각이 강해지면서, 직장에서 '인정'을 체감하는 것이 중요해졌다. 셋째, 경제적 환경이 급변하고 사내관계에 긴장감과 애매함이 증가함에 따라, 남을 인정하고 인정 관계 속에 진입하는 것 자체가 중요한 기술이 되었다. 이렇듯 소통이 실질적인 역량으로 자리 잡으면서, 소통적인 여성적 자아가 점점 보편화되었고 사내 정체성은 점점 양성화되었다.

자아의 병리화, 감정의 역량화

'소통'으로 대표되는 감정 자본주의 언어 이데올로기는 우리의 정체성을 바꾸어놓았다. 2장은 그런 정체성의 변화상을 설명하는 부분이다.

19세기적 정체성의 핵심은 '자기계발' 이데올로기, 곧 미덕을 발휘하며 열심히 노력하면 성공할 수 있다는 믿음이었다. 반면에 엘리트의 전유물이었던 초기 정신분석학은 미덕이나 의지의 무력함을 가정하는 다소 비관적인 설명 체계였다. 그런데 오늘날 미국사회에서 정체성에 대한 규정들을 보면, 자기계발과 정신분석학이 기이하게 얽혀 있는 것을 알 수 있다.

이렇듯 심리학이 자기계발 내러티브와 결합하여 정체성 담론으로 자리 잡은 데는 네 가지 정도의 원인이 있었다. 첫째, 심리학이 프로이트적 결정론에서 이탈하면서 자기계발 이데올로기에 공명했다. 둘째, 자기계발 산업이 심리학의 아이템을 적극 환영했다(심리학의 후광은 다종다양한 테마의 실용서에 권위를 부여하는 동시에 금기시되었던 테마를 다루는 실용서에 학문적 명분을 제공했다). 셋째, 1960년대 성혁명이 심리학의 탈정치적 정체성과 연동했다(새로운 정체성 담론을 미국 문화 속에 확산시킨 인물로는 자신의 욕구를 무조건 긍정할 것을 가르쳤던 칼 로저스와 '내'가 진정한 '나 자신'이 되지 못하는 것이 성공에 대한 두려움 때문이라고 주장했던 에이브럼 매슬로 등이 있다). 넷째, 자아실현 개념이 개인의 권리를 강조하는 자유주의 이데올로기에 공명했다(이로써 자아를 실현하는 것은 정치적 권리에 버금가는 권리가 되었다). 이렇듯 자아실현이 삶의 자명한 목표가 되면서, 성공하지 못한 삶은 치료를 요하는 질병이 되었다. 요컨대 "평범한 삶들이 병리화되었다."

그런데 자아실현 내러티브는 사람들의 머릿속에 존재하는 개념일 뿐 아니라 여러 분야에서 영향력을 발휘하는 제도화된 실천이기도 하다. 금주회를 비롯한 자아격려 조직, 강습회 등 자아강화 상품, 오프라 윈프리 토크쇼 등 TV 프로그램(시청자가 잠재적 환자 곧 잠재적 소비자라는 점, 사적 감정 그 자체가 공적으로 표출된다는 점, 출연자의 삶이 일반화된 역기능으로 제시된다는 점 등이 주목을 요한다), 연예인 자서전(19세기 자서전이 신분 상승의 줄거리였던 반면, 20세기 자서전의 자아실현 내러티브는 "부와 명예를 누리는 중에도 닥쳐올 수 있는 정신적 번민"을 다룬다) 등이 바로 치료학적 자아실현 내러티브를 작동시키는 대표적인 현장이다.

이렇듯 치료학적 내러티브가 제도화된 데는 내재적 요인과 외부적 요인이 함께 작용했다. 우선, 치료학적 내러티브 자체가 제도화에 유리한 특징들을 포함하고 있다. 첫째, 모순적이고 다양한 수요를 충족시킬 수 있는 상품이다. 둘째, 과거와 미래를 연결하는 시간 틀을 통해 자아의 연속성을 보장한다. 셋째, 불행의 원인을 비판적이 아닌 방식으로 규명할 수 있다(내가 불행한 원인은 나에게 있지만, 그것은 내가 책임질 수 없는 무의식적 영역에 속한다). 넷째, 자아실현 내러티브를 작동시키는 것 자체가 가장 강도 높은 자아실현이다. 다섯째, 고통 내러티브를 공유하는 공동체를 활성화시킨다. 여섯째, 각종 전문가에 의해 수익 높은 상품으로 생산·가공·유통될 수 있다. 일곱째, 자아실현이 권리로 설정되면서, 고통에 대한 제도적 보상을 요구하는 것이 가능해진다.

한편 치료학적 내러티브의 제도화를 가능케 한 실질적 요인은 국가, 페미니즘, 재향군인회, 그리고 제약회사였다. 첫째, 국가는 사회복지, 교도, 교육, 재판 등에 치료학을 사용함으로써 국가권력을 공고히 했다. 둘째, 사생활의 정치화를 통해 영향력을 확장했던 페미니즘이 심리학에 의존하는 것은 불가피한 일이었다. 셋째, 베트남전 참전 군인들이 각종 편익들을 제공받기 위해 심리적 외상을 주장했다. 넷째, 제약회사들과 심리 전문가들은 정신질환의 범위를 확장함으로써 치료 상품 판매를 엄청나게 늘릴 수 있었다.

이렇듯 치료학적 내러티브가 광범위하게 제도화되면서, 치료학적 내러티브의 목표인 정신 건강이 사회적으로 중요한 개념이 되었다. 감정은 정신 건강의 지표로서 그 자체로 중요한 사회적 역량이 되었고, 감정에 점수를 매기는 다양한 방법이 고안되기 시작했다. 감정 등급화의 대표적인 예가 바로 1990년대에 출현한 '감정지능'EQ이다. 감정지능 개념이 선별 수단으로 크게 환영받으면서, 감정지능에서 고득점을 받는 것은 직장과 가정에서 공히 중요한 과제가 되었다. 우선, 회사들이 감정지능 점수를 채용 및 업무 평가 등에 실제로 활용함에 따라, 직장에서 감정은 취업이나 승진 또는 재산증식 등의 이익으로 전환될 수 있는 일종의 자본이 되었다. 또한 사적인 관계를 규정하는 어휘들이 심리학적으로 아이템화됨에 따라 감정지능은 친밀성 증진에 동원되는 중요한 자원이 되었다.

관계의 탈육체화, 사랑의 탈낭만화

3장에서 저자는 감정 자본주의하의 새로운 문화 지형에서 친밀함을 형성·유지하는 방식이 어떻게 변화되는지를 보여주려 한다. 저자에 따르면 감정 자본주의 사회에서 이른바 사적 관계들은 탈육체화·탈낭만화 경향을 보인다. 저자가 원제로 채택한 '차가운 친밀성'이란 바로 이런 감정 자본주의 시대의 새로운 정서 형태이다. 친밀성이 이러한 형태를 취할 때, 정서적 관계에서 육체적 매개는 부차적인 것이 되고, 정서적 오호를 결정하는 것은 육체적 공존이 아닌 코드화된 텍스트가 된다.

저자가 인터넷데이트 사이트에 주목하는 것은 이런 사이트야말로 감정 자본주의의 차가운 친밀성이 극적으로 구현되는 문화 현장이기 때문이다. 실제로 3장은 저자가 사이트 유저들과 인터뷰한 내용이 큰 비중을 차지하고 있다.

1장과 2장에 이어 3장에서도 심리학은 변화를 야기한 주요 요인으로 등장한다. 인터넷데이트에서는 자기소개가 필수적인데, 웹상 자기소개의 핵심이 심리학적 자기이해이기 때문이다. 웹기반 만남은 세 가지 면에서 심리학에 의존하고 있다. 첫째, 나를 설명하는 개념들 자체가 심리학적 범주들로 되어 있으므로 나를 설명하기 위해서는 심리학적 범주들을 조합해야 한다. 둘째, 자기소개는 다수에게 공개되지만, 이러한 익명의 상대 역시 심리학적 단위이다. 자기소개 정보를 공유하는 다수는 공적 집단이 아니라 사적 자아들의 집합이다.

셋째, 자기소개는 주관성을 텍스트화하는데, 주관성을 텍스트화하는 것은 심리학의 본질이다.

이렇듯 심리학에 의존하는 웹 기반 만남은 네 가지 면에서 차가운 친밀성의 전형적인 면모를 드러낸다. 첫째, 만남을 위해서 나 자신에 주목하게 된다. 자아를 관리·조정하는 것이 만남을 위한 과제가 된다. 사진 프로필은 육체적 변신을 위한 집중화된 실천들을 요구하게 되고, 텍스트 프로필은 획일성을 탈피할 차별화 전략을 요구하게 된다. 둘째, 상대를 아는 과정이 상대에게 끌리는 과정에 선행한다. 파트너를 선택하는 데는 범주화된 언어 정보들이 결정적인 요인으로 작용한다. 셋째, 사실상 무한한 파트너 시장은 비용편익 모델에 기초한 효율적 선택을 요구한다. 이런 상황에서 만남의 선택과 운용은 획일적·반복적이 된다. 넷째, 만남은 두 소비자/상품의 상호 매매가 되고, 취향의 세련화라는 소비주의의 동력이 만남을 지배하게 된다. 소비자는 점점 현재의 상품에 만족할 수 없게 된다.

2 감정 자본주의를 비판한다는 것

내재적 비판

저자가 감정 자본주의라는 현상에 비판적인 태도를 취한다는 것은 분명해 보인다. 그러나 저자의 비판은 이른바 비판이론 진영에서 제출하는 이데올로기 비판과는 구별된다. 저자가 감정 자본주의를 비판하는 이유는, 그것이 현실적 모순을 은폐하는 중간계급의 이데올로기이기 때문이 아니라, 현실적 모순을 제대로 감추지 못하는 실패한 이데올로기이기 때문이다. 예를 들어 1장에서 저자는 소통이 주체의 실질적 역량으로 자리 잡은 상황을 비판한다. 그리고 소통 개념의 문제점을 그 무력함에서 찾는다. 첫째, 감정의 소통은 추상적 절차에 그칠 수 있다. 감정이란 구체적인 맥락에서 처신의 방향을 가리키는 무반성적 나침반 같은 것인데, 소통될 수 있는 감정은 언어화된 감정, 곧 맥락에서 유리되어 방향성을 잃어버린 감정이기 때문이다. 둘째, 감정 그 자체는 소통으로 조율될 수 없으므로, 소통이 오히려 주관주의를 강화할 수 있다. 예를 들어 내가 상처 받았다는 말은 논증되거나 논박될 수 없는 절대적인 사실이다. 요컨대 저자가 소통을 비판하는 이유는 소통이 모순을 감추는 이데올로기이기 때문이 아니라 소통 그 자체가 모순적인 개념이기 때문이다. 2장의 줄기인 치료학적 내러티브에 대해서도 저자는 비슷한 태도를 보인다. 저자가 치료학적 내러티브를 비판하는 이유는, 그것이 사회적 모순을 자아의 분열로 치환하는 심리학적 허위의식이기 때문이 아니라, "고통을 경감시켜주는 것으로 되어 있는 심리학이 아이러니하게도 적잖은 고통을 창출"하기 때문이다. 첫째, 건강이라는 치료학적 내러티브의 이상이 지나치게 막연하다 보니, 평범한 일상이 '신경증' 내지 '역기능'으로 규정되기 쉽다. 둘째, 자아실현 내러티브가 작동되려면 과거의 기억이 필요한데, 이때 구축되는 과거의 기억은 언제나 고통의 기억이다.

3장에서도 저자가 차가운 친밀성을 비판하는 것은, 비판이론가들이 지적한 것처럼 자본주의적 인간관계가 도구화·물신화·상품화되기 때문이 아니라, 인터넷데이트 사이트 이용자 자신이 만남에 대해서 부정적 감정을 갖게 되기 때문이다. 인터넷데이트 사이트는 파트너 찾기와 매매 행위 간의 공통점이 극명하게 드러나는 공간이다. 다시 말해, 파트너 시장이 웹을 통해 문자 그대로 가시화되면서, 유저들은 만남의 매매적 속성을 십분 의식하게 된다. 실제로 대다수 유저는 파트너를 찾는 일에 실망, 싫증, 피로, 그리고 냉소의 감정을 품게 된다. 냉소는 "후기 자본주의 사회 소비상품 사용의 지배적인 양태"이다.

이렇듯 저자는 기존의 이데올로기 비판과는 구별되는 내재성을 자기 논의의 특징으로 내세운다. 자신의 태도를 '불순한 비판론'이라고 명명하며, 이와 대조되는 '순수한 비판론'을 폄하하기도 한다. 저자에 따르면 이른바 순수한 비판론은, 첫째, 문화를 해방의 수단 아니면 억압의 수단으로 재단함으로써 분석을 앙상하게 만들고, 둘째, 총체성을 전제함으로써 서로 다른 사회 영역들의 자율성을 무시하며, 셋째, 문화적 담론에 정치적 잣대를 들이대는 오류를 범하고, 넷째, 비평가 자신의 현실적 위치를 간과한다. 실제로 저자는 아도르노, 푸코, 부르디외 등을 순수한 비판론의 대표자로 설정한 후, 기회 있을 때마다 비판이론과 자기 논의 사이에 선을 긋고 있다.

교감적 자아, 낭만적 관계, 그리고 상식

저자는 이렇듯 내재적 비판을 줄곧 강조하면서도, 간혹 자신의 철학적 지향을 드러내기도 한다. 저자가 내세우는 이상적 자아 모델은 메를로-퐁티의 현상학을 주로 참조한다. 감정 자본주의의 자아 모델이 이성적인 존재 내지 고립된 개체를 가정한다면, 이른바 현상학적 자아 모델은 몸으로 느끼는 존재, 타인과 교감하는 나를 강조한다. 실제로 전자가 비판될 수 있는 것은 후자가 이상적 모델로 가정되어 있기 때문이다.

저자의 이상적 자아 모델이 교감하는 자아라면, 저자의 이상적 관계 모델은 낭만적 사랑이다. 곧 낭만적 사랑은 감정 자본주의의 차가운 친밀성에 대한 대안이요, 차가운 친밀성을 비판할 수 있는 근거이다. 저자가 보기에 웹상의 만남과 물리적 만남은 각각 차가운 친밀성과 낭만적 사랑의 전형적 환경이다. 웹상의 파트너 선택은 텍스트를 기초로 한 합리적 가치계산 과정이다. 반면에 낭만적 사랑이 가능하기 위해서는, 육체적으로 끌려야 하고, 이러한 끌림이 주체의 과거를 동원해야 하며("내가 누군가를 사랑할 때 내가 실제로 사랑하는 것은 내가 전에 잃어버린 대상이다"), 이성의 작용을 우회하는 무의식적 과정이 개입해야 하고, 상대방을 철저하게 알고 있는 상태가 아니어야 한다. 요컨대 차가운 친밀성의 대척점에 있는 것은 낭만적 사랑의 가능성을 차단하지 않는 교감이다.

이렇듯 저자가 감정 자본주의 비판의 척도로 삼는 개념들은 엄밀하다기보다는 '상식적'이다. 실제로 저자는 최종적 판단의 근거로 '합리'가 아닌 '상식'을 내세운다. 감정 자본주의가 데카르트적 이성에 맹종하는 '초합리적 바보'를 만들어낸다는 것이 저자의 주장이니만큼, 감정 자본주의 비판이 합리적 논증이 아닌 방식으로 이루어지는 것은 그리 놀랄 일이 아니다. 저자가 교감과 사랑을 관계의 모델로 당당하게 내세울 수 있는 것도 그것들이 "우리 모두 자발적으로 동의하며, 다른 사람에게 책임을 물을 때 우리가 불러내게 되는 가치 내지 이상," 곧 상식에 속한다고 자신하기 때문일 것이다.

근대의 양면성

일루즈가 '우리'라고 호명하는 미국 중간계급, 곧 전지구적 중간계급의 '상식'을 문제 삼는 것은 가능할 것이다. 일루즈가 그토록 선을 긋는 비판이론 진영의 중요한 과제 중 하나가 바로 그 '상식'의 허위성을 폭로하는 것이었다. 그런데도 일루즈가 '합리' 대신 '상식'을 내세울 수 있는 것은 '상식'을 비판하는 '합리' 그 자체가 비판이론 진영 내에서도 오랫동안 문제적인 개념으로 설정되어왔기 때문이다. 마르크스가 『공산당선언』에서 부르주아적 계몽이 합리화인 동시에 상품화라는 것을 지적한 이래로, 근대의 합리성이 양가적이라는 통찰은 그야말로 다각도로 개진되어왔다. 그리고 일루즈는 그러한 통찰을 매우 적극적으로 받아들이고 있다. 심리학과 자아실현 내러티브가 유행하면서 감정 생활이 지식화되는 것, 페미니즘이 확산되면서 정서적 관계가 합리화되는 것, 위계질서 대신 인정과 소통이 사회관계의 모델로 자리 잡는 것……. 저자가 보기에 감정 자본주의의 이런 모든 국면들은 근대적 합리성의 양면, 곧 정치적 권리를 증진하는 면과 시장 합리성에 종속되는 면을 함께 보여주고 있다.

비판이론에서 근대의 이중성 논의가 근대의 모순을 확인하고 근대를 극복하고자 하는 시도였던 반면, 일루즈가 차용하는 이중성 논의는 현상태가 변화하지 않는다는 가정하에서 이루어진다. 따라서 일루즈가 보기에 모든 국면, 모든 행위는 불가피하게 양면적이며, 그것은 지금 이런 글을 쓰고 있는 자신의 경우도 예외가 아니다. 그러니, 오늘날 연구자에게 요구되는 덕목은, 자기의 연구가 시장 세력들과 관련되어 있음을 인정하는 솔직함, 그리고 자기가 한 연구의 결과가 퇴행적 효과를 낳을 수 있음을 부인하지 않는 겸허함이 되어 버린다.

19세기 지식인은 자본주의가 미치지 못하는 '다른 곳'으로 물러서서 자본주의를 비판할 수 있었다. 하지만 이와 달리 오늘날의 비판론 가운데 자본주의의 제도들 및 기구들의 영향력을 벗어날 수 있는 것은 거의 없다. 물론 그렇다고 해서 비판론을 포기하고 온갖 사회 영역들에 대한 자본주의의 지배를 받아들여야 한다는 말은 아니다. 오히려 우리는 우리가 맞서고자 하는 시장 세력 못지않은 교묘한 해석 전략들을 계발해야 한다. 〔……〕 이런 비판론은 욕망을 조장하는 혐오스러운 실천들과 욕망의 실현을 차단하는 실천들 사이에서 미묘한 줄타기를 한다(이 책 172~174쪽).

3 비판이론과 에바 일루즈

앞에서도 말했듯이 본서는 비판이론적인 개념들을 다수 동원하면서도 비판이론과는 사뭇 다른 지향점을 표명하고 있다. 그리고 이러한 지향은 이데올로기 그 자체에 대한 저자의 태도에서 가장 분명하게 드러난다. 비판이론이 이데올로기를 비판하는 것은 그것이 현실을 감추는 거짓이기 때문이다. 반면에 본서에서 이데올로기를 비판하는 것은 그것이 현실을 봉합하는 데에 실패하기 때문이다.

> 이데올로기란 우리로 하여금 모순들 속에서 행복하게 살아가게 해주는 어떤 것인데, 자본주의 이데올로기는 더 이상 이데올로기의 기능을 수행하지 못하는 듯하다. 자본주의 문화가 새로운 단계에 접어든 것인지도 모르겠다. 〔……〕 판타지 생성 능력 자체가 손상되었다. 〔……〕 판타지를 점점 현실에서 유리시켜 초합리적 시장 세계(시장과 관련된 선택 및 정보로 구성되는 세계) 내부에서 조직하고 있다(이 책 205~206쪽).

이러한 태도를 비판이론에 대한 유의미한 반론으로 읽든, 비판이론의 딜레마를 보여주는 징후로 읽든 비판이론에 선을 긋는 이런 제스처가 효과 면에서는 오히려 비판이론에 기여하는 듯 하다. 이데올로기가 효과적으로 작동되느냐 여부가 우리의 행복을 좌우한다는 점이야말로 이데올로기 비판이 대결해야 하는 과제이기 때문이다.

> 억압적 권력이 효과를 발휘하려면 사람들의 실제적 욕구 및 욕망과 뒤얽혀야 하고 사람들의 현실적 경험의 살아있는 모티프에 관여해야 한다. 그러지 못하면 크게 효과가 없다. 권력이 성공하려면, 우리로 하여금 권력을 욕망하도록, 권력과 공모하도록 설득할 수 있어야 한다. 이 과정은 그저 어마어마한 신용사기에 그치지 않는다. 실제로 우리는 그런 권력이 (부분적으로나마, 그리고 왜곡된 형태로나마) 채워줄 수 있는 욕구와 욕망을 갖고 있기 때문이다(Terry Eagleton, *The Significance of Theory* (Cambridge, Mass.: Blackwell, 1990), pp. 36~37).

비판이론의 매력이자 함정은 행복이라는 매트릭스와 고통이라는 현실 사이에서 윤리적 결단이 요청된다는 설정이다. 따라서 그것은 합리적 판단에 의해 허위적 행복을 선택하겠다는 냉소주의 앞에 무력할 수밖에 없었다. 에바 일루즈의 분석틀에 강점이 있다면, 그것은 냉소주의와 동일한 윤리적 지평으로 내려와서 매트릭스가 고장 났음을 폭로한다는 것, 솔직히 말해서 이것은 행복이 아니라고 주장한다는 것이다.

찾아보기

ㄱ

가족 23, 26, 27, 30, 38, 39, 51, 57~59, 77, 119, 133, 134, 180, 215~218
가족 내러티브 57, 87
감정 능력 219
감정들 11~13, 17, 25, 38, 40, 43, 55, 56, 63, 71, 74~77, 106, 111, 134, 136
감정 문화 16, 17, 23, 42, 55
감정양식 emotional style 24~26, 43, 126, 127, 130~132, 215
감정의 객관화 objectification 73
감정 구조 103, 171
감정의 사회학 149
감정이입 48, 49, 52, 55, 64, 79, 129, 136
감정자본 127
감정 자본주의 18, 55, 130, 204, 205, 214~217, 219, 223~225, 227~229

감정 장 emotional field 125, 126, 143
감정 조절 73
감정지능 128~131, 136, 222
감지 Empfindnisse (후설) 193, 196, 197
개인주의 11, 91, 112, 115, 117, 177
개체성 27
객관성 17, 161
객관화 objectivization 73, 80, 154, 159
게이, 피터 28
결혼 27, 33, 57, 61, 67, 79, 96, 109, 134, 141, 142, 152, 165, 191
경영 34, 35, 48, 56, 216
『계몽의 변증법』(아도르노 & 호르크하이머) 159
고속 자본주의 165
고통 17, 86, 87, 89, 94, 97, 106~112, 114~116, 118~120, 123~126, 136, 138, 175, 204, 214, 221, 225, 226
고프만, 어빙 184, 186, 187
골먼, 대니얼 128
규격화 157, 160, 162, 163, 173

기든스, 안소니 66
기업형 자아 43, 53, 54

ㄴ

남녀양성화androgynization 78
남성성 41, 42, 66, 217
내러티브 18, 27, 57, 59, 61, 85, 87, 89, 90, 95~98, 100~108, 110~119, 123~125, 136, 191, 218, 221, 222, 225, 228
   정체성— 89, 90
   인정— 18
   자기계발— 90, 97, 123, 125, 220
   자아— 90, 95, 96, 99, 100, 116
   고통— 108, 125, 126
내재적 비판론 179, 180, 224, 227
다마지오, 안토니오 210, 211

ㄷ

대중심리학 48, 219
더쇼비츠, 앨런 114
데모스, 존 30
뒤르켐, 에밀 12, 13
듣기listening 37

DSM 120~122

ㄹ

라투르, 브루노 122, 191
랜드마크 교육주식회사(LEC) 100, 101
로저스, 칼 92, 93, 202, 220
루카치, 게오르크 161

ㅁ

마르크스, 칼 11, 12, 19, 140, 161, 228
마요, 엘튼 35, 36, 38~41, 58, 216~218
마이어, 존 117
마키아벨리, 니콜로 203, 209, 210
만하임, 칼 44
매스터스, 빌 62~64
매슬로, 에이브럼 92~94, 220
메를로-퐁티, 모리스 189, 190, 196, 201, 227
match.com 149, 152, 164, 201
메트로폴리스 12
모더니티 11~13, 17, 82, 139, 183
문식성literacy 205
문화자본 127, 131, 132

민주화　45, 54, 79, 86, 89, 217, 219
밀러, 앨리스　118, 119

ㅂ

버거, 존　60
버틀러, 주디스　81
베버, 막스　10, 18, 66, 71, 176, 208
베츠, 낸시　128
베트남전 참전군인　119, 222
벨라, 로버츠　25, 123
병리학　27
볼탄스키, 뤽　132
부르디외, 피에르　126, 131, 133, 134, 190, 194, 195, 226
분노　14, 35, 40, 42, 74, 75, 91, 89, 152
불순한 비판론　180, 181, 226
불안　11, 13, 71, 89, 170
브린트, 스티브　91
『비평가 집단』(월처)　180

ㅅ

『상상된 공동체』(앤더슨)　183
상상력　29, 182~184, 192~196, 200, 201, 205
서스먼, 워런　156
선택　41, 50, 61, 70, 71, 97, 102, 133, 147, 152, 153, 155, 164, 165, 167, 173, 179, 182, 191, 199, 211, 213, 224, 227, 230
설득 담론　43, 52, 65, 74, 76, 78, 94, 98, 124, 128, 136, 142, 154, 204, 210
성해방　91, 106
세넷, 리처드　139
섹슈얼리티　29~31, 33, 59, 62, 64~66, 91, 92, 118, 125, 216, 218
『성의 역사』(푸코)　110
소비문화　30, 156, 166
소외　11, 12, 74, 159, 208
소통　39, 41, 46~55, 65, 73~76, 78~82, 100, 139, 177, 203, 205, 219, 225, 229
순수한 비판론　174~177, 226
쉴즈, 부룩　109
슈베더, 리처드　124
스쿨러, 조너선 W.　198
스마일즈, 새뮤얼　85~87, 89
스미스, 애덤　52
시월, 빌　98
스크루볼 코미디　147, 191
스톡, 브라이언　72

스티븐스, 미첼 71
스피드매칭 164
시장 18, 19, 87, 102, 105, 114, 116,
   120, 122, 125, 134, 142, 155, 158,
   165, 167~171, 173, 174, 179, 180,
   200, 204, 205~207, 212, 213, 229,
   230
실망 182, 183, 187, 192, 226
실버스타인, 마이클 82
실용서advice literature 31~33, 48, 55,
   56, 67, 220
심리학 24, 31~33, 40, 41, 43~46,
   48, 58~60, 62, 63, 65, 66, 70, 72,
   78, 79, 87, 89~95, 104, 117, 124,
   125, 128, 132, 136, 140, 153, 154,
   156, 157, 166, 186, 188, 190, 194,
   195, 198, 202~204, 206, 207, 209,
   215~220, 222~225, 228
   ― 언어 18, 43~45, 119
성과 섹슈얼리티 29

ㅇ

애거, 벤 165
아도르노, 테오도어 W 16, 159, 171,
   174, 180, 204, 226
아르디티, 호르헤 208, 209

아비투스 125~127, 131, 132, 134,
   142
아우얼바흐, 에리히 87
앤더슨, 베네딕트 183
언어
   ― 이데올로기 82, 202, 219
   심리학 ― 18, 43~45, 119
   권리 ― 57, 65, 80, 114
   치료(학) ― 25, 57, 64, 66, 95, 136
에스펄런드, 웬디 71
여성성 15, 41, 42
연대 12, 18
열광effervescence 14
오킨, 수전 133
오프라 윈프리 103, 107, 108, 221
옹, 월터 73
왈처, 마이클 133, 180, 206
워른, 닐 클락 152
월시, 브루스 128
윌리엄스, 레이먼드 103
윌슨, 티모시 185, 186
〈유브 갓 메일〉 147, 190
윤리적 자아 담론 87
eHarmony.org 151
인간됨 15
인격character 36, 85, 121, 156, 185,
   188, 189
인본주의 내러티브 118

찾아보기 235

인본주의 운동 92
인성personality 36, 40, 42, 44~46, 50, 70, 71, 73, 74, 130, 141, 152, 156, 160, 188, 189, 192, 196, 219
인정 50~52, 54, 66, 77, 79, 81, 82, 90, 100, 110, 114, 119, 165, 190, 194, 195, 200, 204, 205, 210, 216, 219, 229
인터넷 18, 19, 49, 99, 147~150, 154~158, 161, 163, 166~168, 170, 172~174, 176, 183, 184, 186~188, 190~192, 195, 196, 200~205, 207
인터넷데이트 149, 151, 153, 157, 158, 161~164, 166, 168, 169, 171, 173, 174, 182, 184, 185, 187, 223, 225

ㅈ

자기계발서 69, 71
자기관리 47, 52, 131, 156
자기소개 63, 148, 153, 154, 156~158, 160~162, 169, 182, 188, 223, 224
자서전 61, 103, 107, 109, 221
자아실현 90, 92~96, 98~101, 106, 107, 110, 116, 123, 124, 126, 205, 206, 210, 219~221, 225, 228

자본주의 11, 12, 17, 33, 43, 55, 56, 78, 94, 132, 139, 141, 143, 165, 171, 174, 179, 207, 212, 214, 215, 226, 229, 230
인맥 ― 132
고속 ― 165
『재능 있는 아이의 드라마』(밀러) 118
정상성 28, 29, 98, 216
정신과용 의약품 122
정신분석학 23~27, 30~32, 36, 39, 40, 86, 127, 128, 136, 142, 203, 215, 216, 220
『정의의 영역들』(왈처) 180
제약회사 120, 122, 123, 222
젠더 14
존슨, 바버라 175
존슨, 버지니아 62~65
지젝, 슬라보이 115, 171, 212
짐멜, 게오르크 12, 208

ㅊ

첫눈에 반하는 사랑 172
취향 71, 74, 131, 152, 155, 166, 167, 168, 170, 187, 224
치료학 24, 25, 38, 46, 52, 57, 59~61, 65, 74, 78, 88, 90, 94, 95, 98, 99,

103, 105, 116, 117, 124, 133, 136, 139, 142, 202, 215, 222

― 과 페미니즘　57, 59~61, 67, 71, 77, 118

― 내러티브　57, 61, 96~98, 102~ 107, 111~114, 117, 119, 123, 124, 221, 222, 225

― 에토스　75, 102, 123, 142

― 적 소통　46, 76, 139

― 적 인터뷰　104

― 적 자서전　61, 107, 109, 113, 221

친밀성　62~68, 76, 77, 96, 97, ― 106, 107, 134, 136, 174, 204, 205, 209, 214, 222

― 에서의 평등　64~66

ㅋ

카벨, 스탠리　27, 171

칼롱, 미셸　122, 181

커크, 스튜어트A.　121

코트, 낸시　56

쾌락　29, 65, 66, 124, 148, 206

쿠친, 허브　121

쿤츠, 스테파니　42

큐브릭, 스탠리　212

ㅌ

텍스트화　154, 184, 224

토크쇼　99, 103~105, 114, 116, 154, 204, 214, 221

통약commensuration　71, 77, 80, 129

트라우마　35, 85, 106, 118, 119

ㅍ

판타지　153, 155, 182, 183, 192, 193, 195, 196, 212, 213, 230

패럴, 워런　64

퍼슨, 에셀 스펙터　192

페미니즘　57~62, 65, 67, 71, 72, 77~ 79, 118, 218, 222, 229

― 내러티브　57

포스트모던 자아　156, 157

폰다, 제인　61, 109

푸코, 미셸　29, 46, 110, 117, 124, 205, 206, 226

프로이트, 지그문트　23~31, 35, 86~ 90, 98, 140~142, 185, 192~194, 205, 215, 216

PTSD　119, 120

ㅎ

하버마스, 위르겐 25, 46, 79, 154
합리화 10, 18, 34, 67, 70, 71, 77, 138,
    172~174, 205, 206, 212, 215, 218,
    228, 229
『해석과 사회비평』(왈처) 180
허먼, 헬렌 58
헬드, 데이비드 112, 179
호네트, 악셀 50, 79
호르크하이머, 막스 159, 174
호손 실험 36
후기구조주의 76, 123
회사 34~37, 39, 41, 44, 49, 53, 55,
    56, 72, 100, 127~129, 204, 205,
    216, 222
후설, 에드문트 197, 198
휴즈, 로버트 114
희생자 113~115, 118, 125